Die KUNST des Zeichnens FÜR KINDER

ZEICHENSCHULE

INHALTSVERZEICHNIS

Einige Anleitungen gibt es als Übungsseiten zum Download. Diese Vorlagen stehen im TOPP Download-Center unter www.topp-kreativ.de/downloadcenter nach erfolgter Registrierung zum Ausdrucken bereit. Den Freischalte-Code findest du im Impressum.

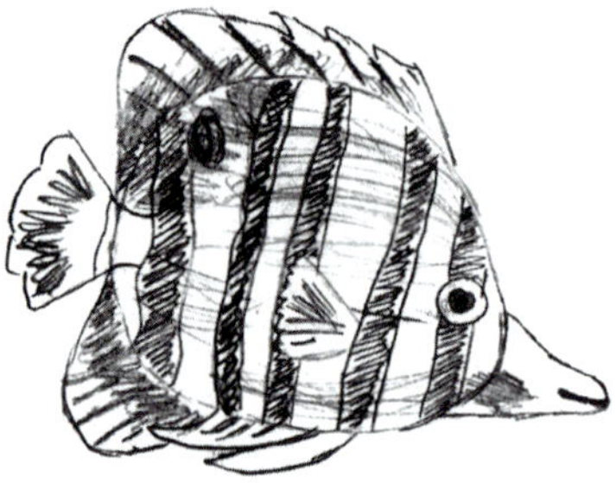

KLEINE KÜNSTLER

Gezeichnet von Pia,
12 Jahre (verkleinerte
Zeichnungen)

Gezeichnet von Daphne,
9 Jahre (verkleinerte
Zeichnungen)

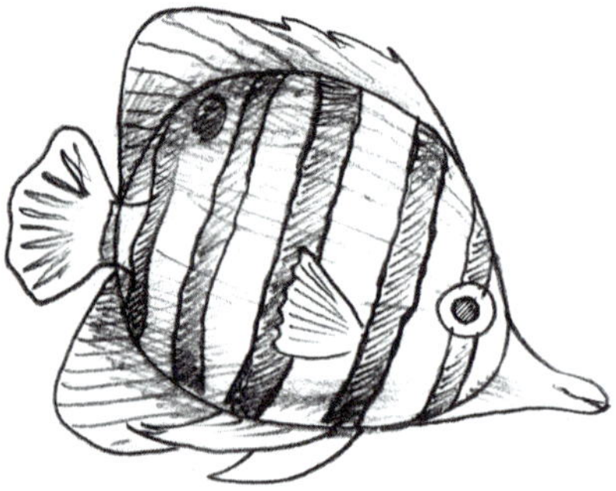

GECKO

WILLKOMMEN IN MEINER ZEICHENWELT

Liebe kleine und große Künstler,

aus meinen Zeichenkursen weiß ich, dass Kinder und Jugendliche oftmals mutiger und besser zeichnen können als Erwachsene. Deshalb bekommt ihr von mir die besten Tipps für junge Zeichentalente. Manches mag schwieriger aussehen als es in Wirklichkeit ist, und bedarf etwas Übung, manches ist aber auch ganz einfach. Und wer nicht weiter weiß, der kann natürlich zum Üben auch einfach abpausen. Auf der Nebenseite seht ihr als Beispiel, wie Kinder meine Vorgaben umgesetzt haben. Probiert es einfach selbst! In den Tippkästen auf den folgenden Seiten findet ihr viele zusätzliche Infos, die euch beim Zeichnen weiterhelfen. Die drei Sterne auf jeder Doppelseite dienen als Orientierung, damit ihr besser einschätzen könnt, wie leicht oder schwer die Zeichnung sein wird.

Also ran an den Stift und viel Spaß beim Zeichnen!

Euer Gecko

Schwierigkeitslevel

★☆☆
LEICHT

★★☆
MITTEL

★★★
SCHWER

GRUNDKURS

Auf den ersten Seiten lernst du die Grundlagen der Zeichentechniken: Von einfachen Grundformen, über Strukturen und Schraffuren bis hin zu kleinen Figürchen. Was du dafür brauchst, siehst du in der Materialübersicht links. Und schon kann es losgehen!

Materialübersicht:

- Papier
- Bleistifte (Härtegrad zwischen HB und 3B – mittelweich bis sehr weich)
- Spitzer
- Radierer

Und los geht's!

EINFACH ANFANGEN

Was braucht man, um ein guter Zeichner zu werden? Neben gutem Arbeitsmaterial vor allem Spaß am kreativen Gestalten und ein bisschen Fleiß. Alles andere entwickelt sich dann von selbst. Auf dieser Doppelseite siehst du wichtige Grundtechniken. Denn wer einen Kreis und gerade Linien sauber zeichnen kann, der bekommt auch alles andere hin.

Leg einfach los und zeichne **Kreise und Ovale** zur Übung. Sie sind die wichtigsten Formen für Tiere und Menschen. Versuche sie in verschiedenen Größen zu zeichnen.

Die Form muss nicht immer auf Anhieb passen. Näher dich langsam an.

TIPP

Karopapier zur Hilfe
Du bekommst noch keine wirklich runden Kreise hin? Dann nimm zum Üben einfach Karopapier.

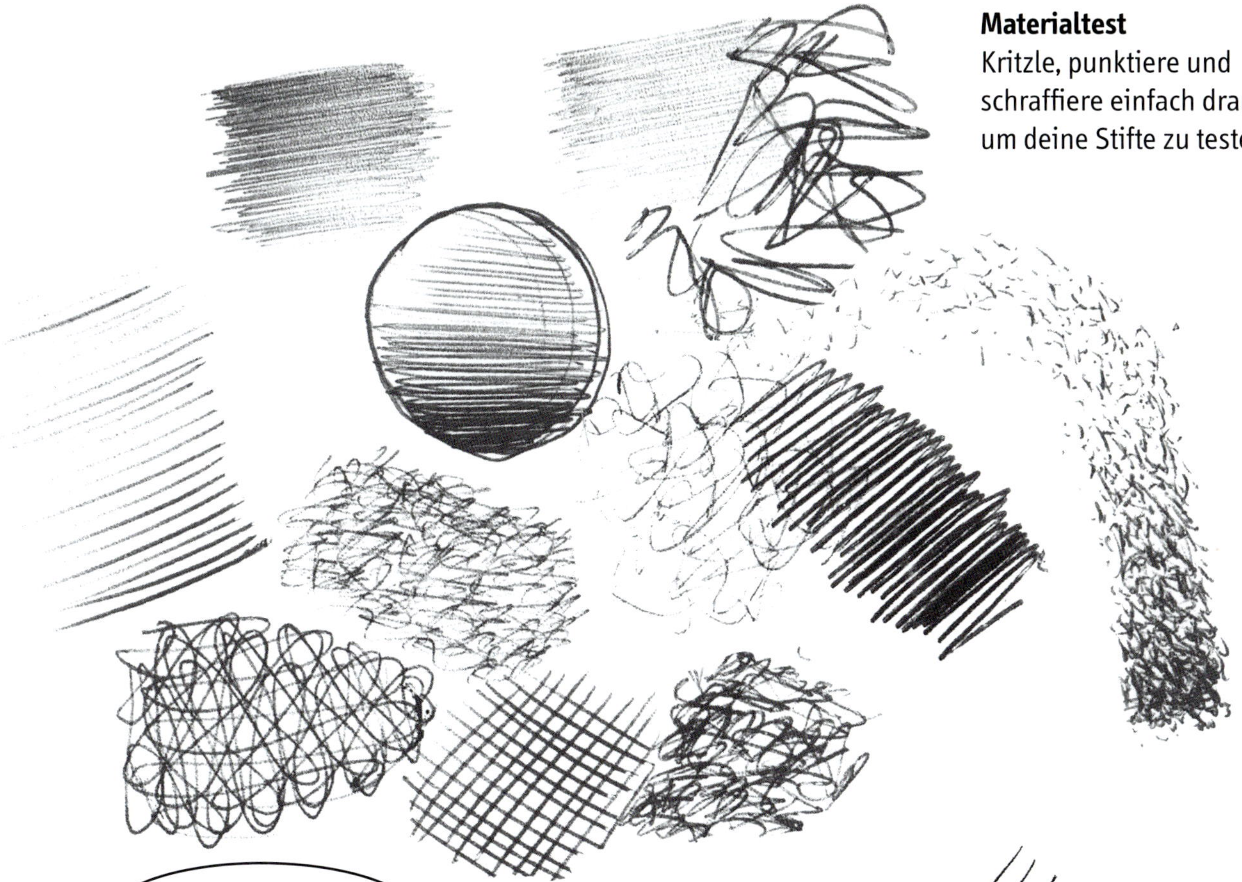

Materialtest
Kritzle, punktiere und schraffiere einfach drauflos, um deine Stifte zu testen.

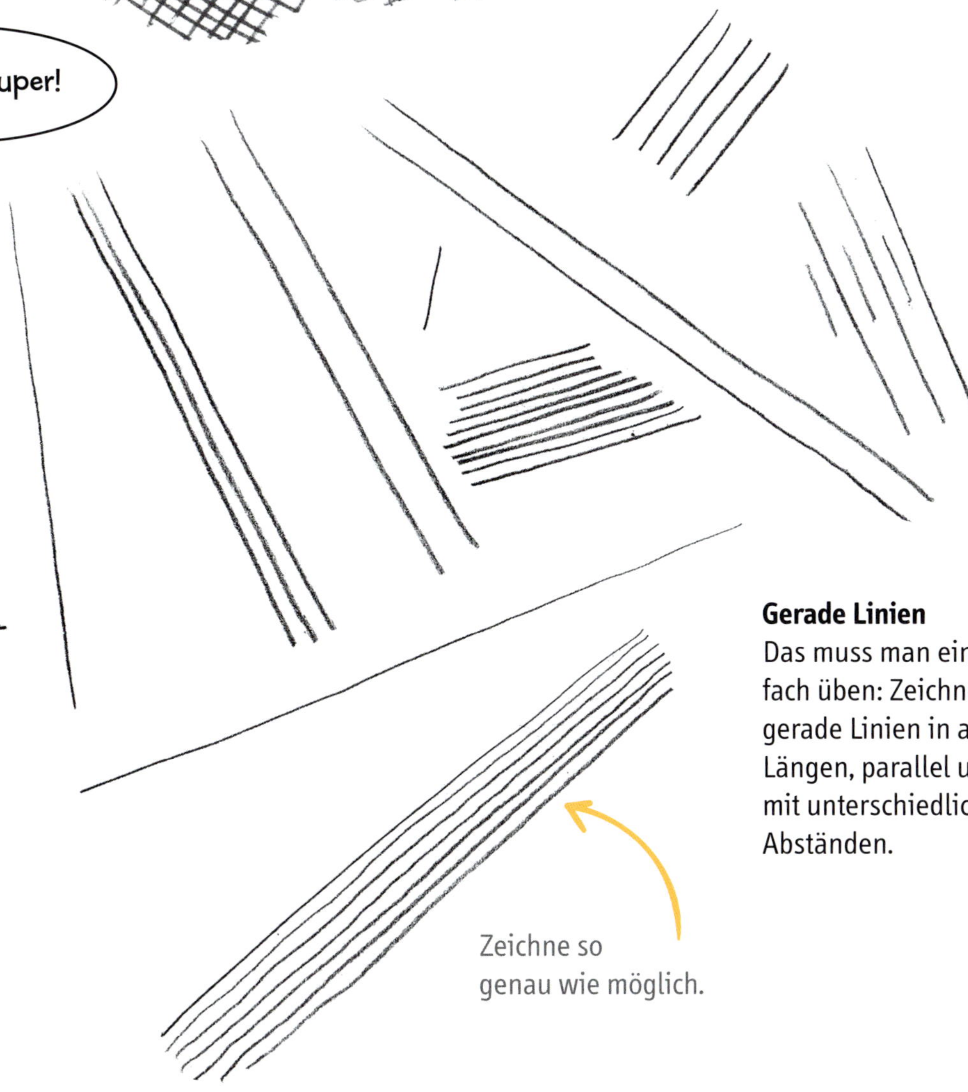

Gerade Linien
Das muss man einfach üben: Zeichne gerade Linien in allen Längen, parallel und mit unterschiedlichen Abständen.

Zeichne so genau wie möglich.

KRITZELIGE STRUKTUREN

Jede Körperoberfläche und jede Struktur sieht anders aus. Ein Delfin hat z. B. eine eher glatte Haut, während ein Wildschwein ein borstiges Fell hat. Hier siehst du Beispiele, wie man diese Besonderheiten mit dem Bleistift ganz einfach nachempfinden kann. Versuch es einfach aus und zeichne unterschiedliche Strukturen. Fallen dir noch weitere ein?

TIPP

Ganz schön schlau
Kritzeleien erhöhen die Aufmerksamkeit und Konzentration. Deshalb kritzeln viele Kinder während des Unterrichts oder Erwachsene beim Telefonieren.

Langhaariges Fell

Kurzhaariges Fell

Schnecken

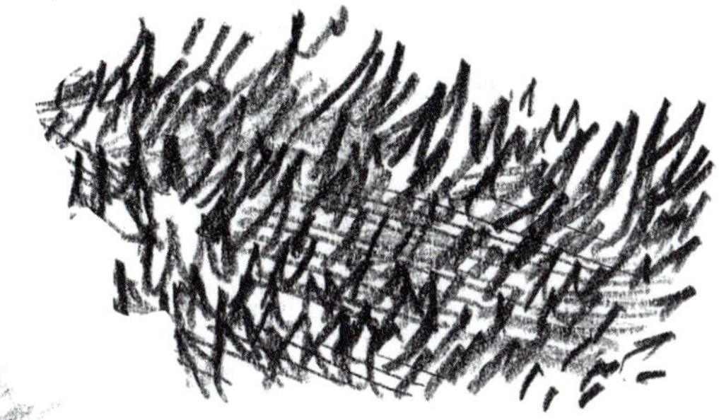

Borsten

Schuppen

Warzen

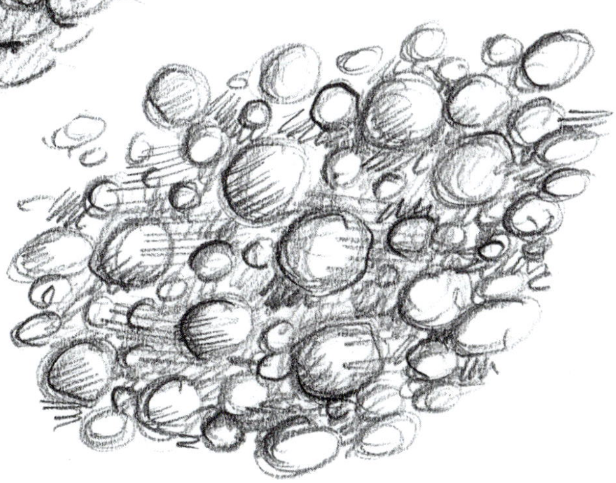

KUGELN, BÄLLE, PIZZAS

Kreise, Ovale und einfach abgerundete Formen sind die wichtigsten Bausteine beim Zeichnen. Kombiniert werden diese, wie auf der vorigen Doppelseite dargestellt, mit Schraffuren, Mustern und Formen, um später Licht und Schatten, bzw. Hautoberflächen darzustellen. Auf dieser Doppelseite siehst du, wie daraus lustige Kugeln, Bälle oder Pizzas entstehen. Zeichne Kreise und übe dich an unterschiedlichen Strukturen.

TIPP

Zirkel-Test
Schöne runde Kreise zu zeichnen, braucht viel Übung, wie du vielleicht schon gemerkt hast. Mithilfe eines Zirkels kannst du dich selbst kontrollieren und die Kreise in die richtige Form bringen.

Immer wieder neu
Auf dieser Seite siehst du einige Beispiele zur Gestaltung. Du wirst sehen, dass du diese Varianten später beim Zeichnen von Menschen und Tieren gut gebrauchen kannst.

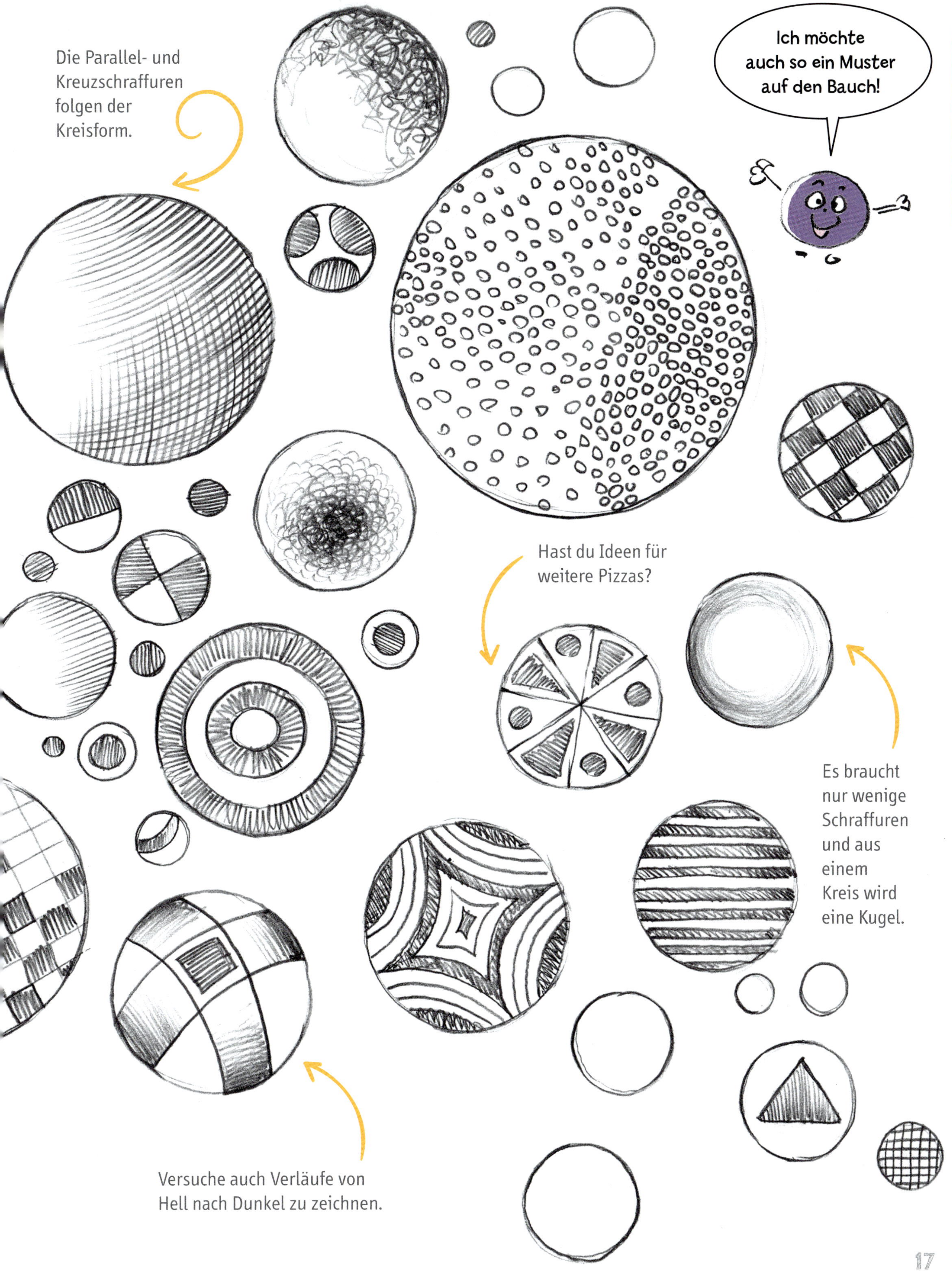
Die Parallel- und Kreuzschraffuren folgen der Kreisform.
Ich möchte auch so ein Muster auf den Bauch!
Hast du Ideen für weitere Pizzas?
Es braucht nur wenige Schraffuren und aus einem Kreis wird eine Kugel.
Versuche auch Verläufe von Hell nach Dunkel zu zeichnen.

ZUM ABPAUSEN

Es heißt ja oft, man solle nicht abpausen und nur freihand zeichnen. Alles Quatsch! Um später gut freihand zeichnen zu können, ist es absolut in Ordnung am Anfang die Konturen abzupausen. Für die kommenden Übungen braucht ihr die Konturen dieser Tiere, also paust sie schnell durch, dann kann es auf den nächsten Seiten losgehen.

Der Elefant
Er bietet große Flächen, auf denen du perfekt üben kannst.

Der Schmetterling
Er hat zwei gleiche, in der Mitte gespiegelte Flächen zum Gestalten.

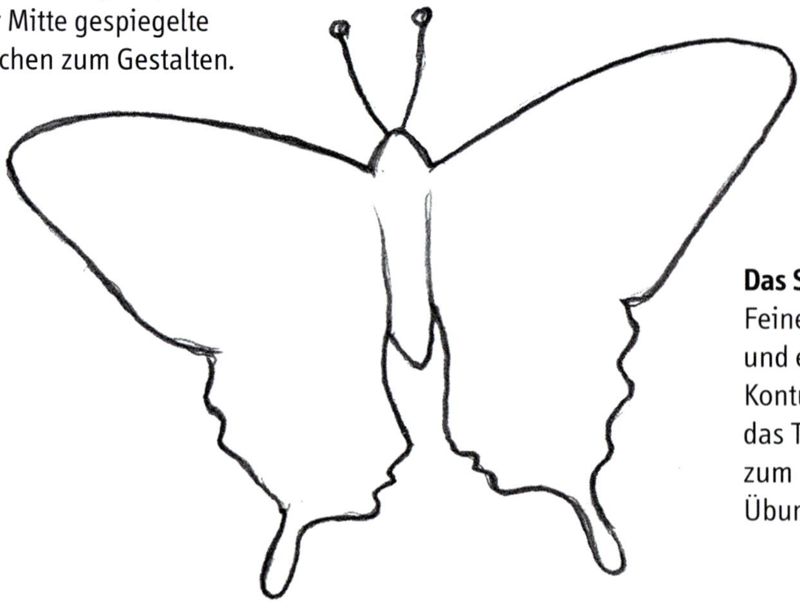

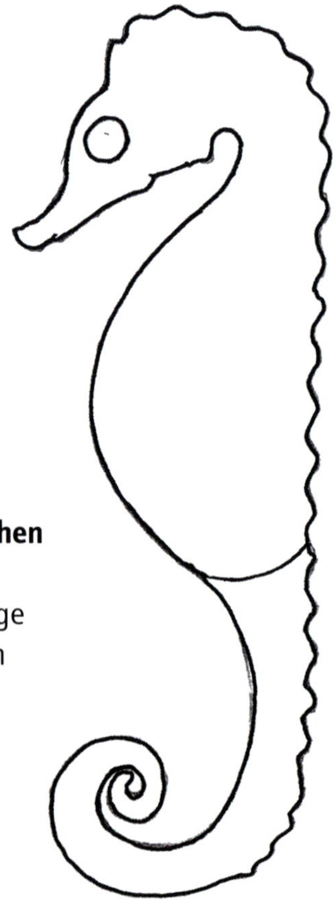

Das Seepferdchen
Feine Formen und eine wellige Kontur machen das Tierchen zum perfekten Übungsobjekt.

Das Dromedar
Große Flächen und dünne Beine machen das Dromedar interessant.

TIPP

Zuerst fein, dann kräftig
Beim Abpausen solltest du verschiedene Stifte verwenden. Mit einem Bleistift, z. B. HB, zeichnest du die Kontur vor und mit einem weicheren Bleistift, z. B. 3B, die Kontur dann nach.

Der Frosch
Das kleine, feingliedrige Tier eignet sich für besondere Experimente.

Der Gorilla
Ein Gorilla hat ausgewogene großflächige Formen, was ihn wie den Elefanten perfekt zum Üben macht.

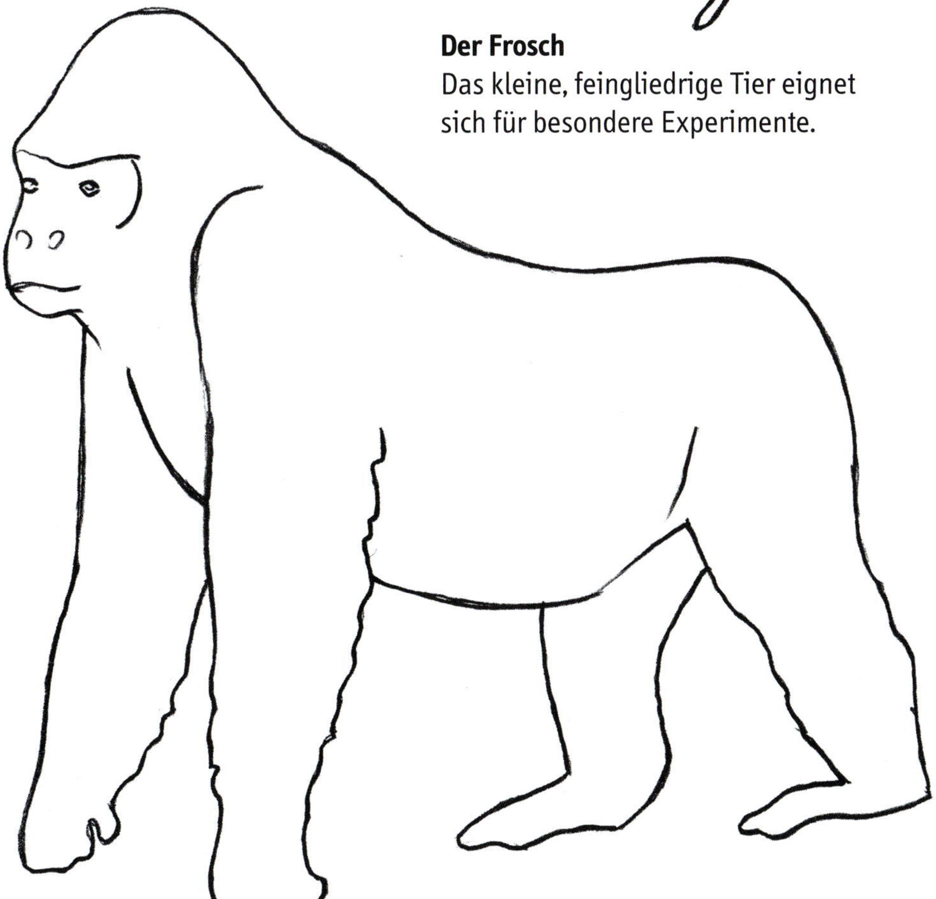

TIERISCH SCHRAFFIERT

Technische Übungen wirken auf den ersten Blick eher langweilig. Kombiniert man sie jedoch mit einer schönen Aufgabe, kommen dabei tolle Motive heraus. Fülle die vorher abgepausten Tiere mit unterschiedlichen Schraffuren und Mustern.

Parallelschraffuren
Mit Parallelschraffuren in unterschiedlichen Abständen machst du aus dem Elefanten ein dekoratives Kunstobjekt.

Kreismuster
Mit verschiedenen nicht symetrischen Kreismustern gibst du dem Schmetterling seine spezielle Optik.

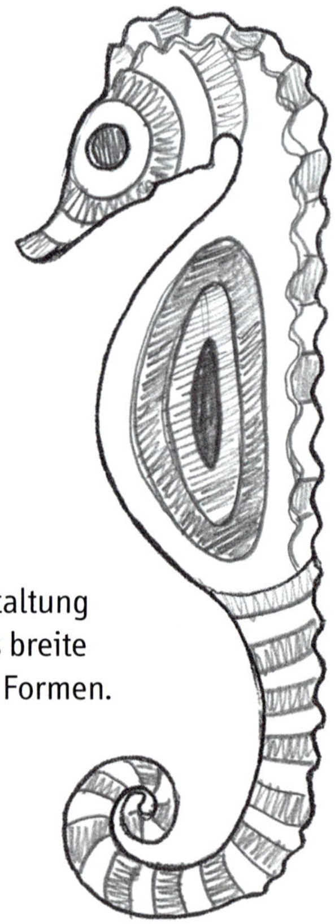

Breite Streifen
Verwende zur Gestaltung des Seepferdchens breite Streifen und ovale Formen.

Kreuzschraffuren
Verwende hier dieselbe Technik wie beim Elefanten, nur mit Kreuzschraffuren.

Schnittmengen
Das kennst du aus der Mengenlehre! Nur wurden hier die sich überschneidenden Kreise als Muster verwendet.

Watteweich
Lasse die Oberfläche durch das wollige Muster in verschiedenen Helligkeitsstufen flauschig erscheinen.

TIPP

Spitzen hilft
Du tust dich wesentlich leichter, wenn du den Bleistift öfters spitzt, besonders bei den Schraffuren. Verwende auch eher einen weichen Stift (Härtegrad 3B).

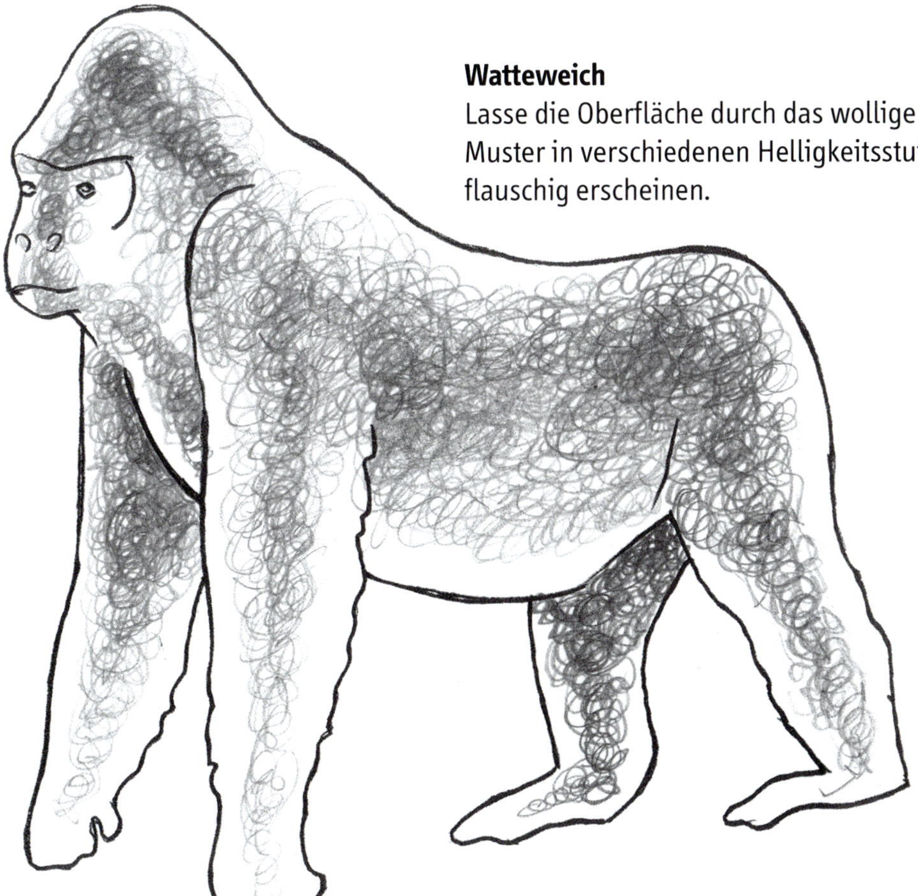

GEGEN DEN STRICH

Um zu testen, welchen Einfluss die Oberflächen haben, machen wir zusammen eine lustige Übung. Wir übertragen einfach typische Hautstrukturen auf andere Tiere und schauen, was dabei herauskommt.

Der Schuppofant
Zeichne Schuppen in verschiedenen Größen auf eine Elefantenhaut.

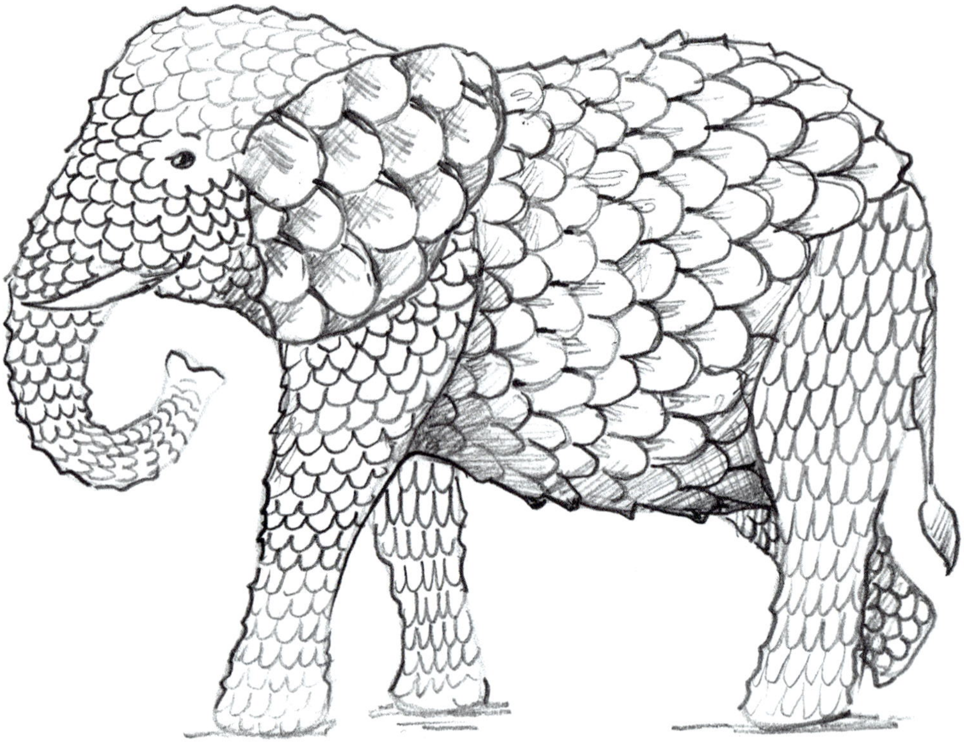

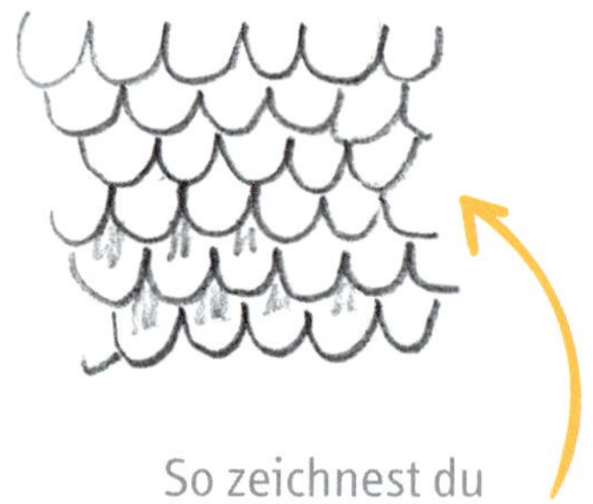

So zeichnest du ganz einfach Schuppen.

Das Hornpferdchen
Zeichne Hornplatten an das Seepferdchen.

So entstehen Hornplatten.

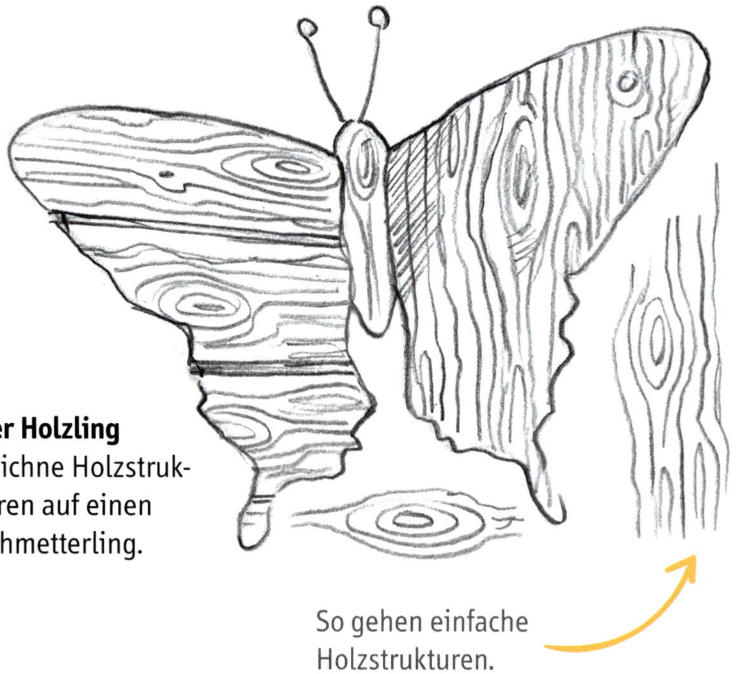

Der Holzling
Zeichne Holzstrukturen auf einen Schmetterling.

So gehen einfache Holzstrukturen.

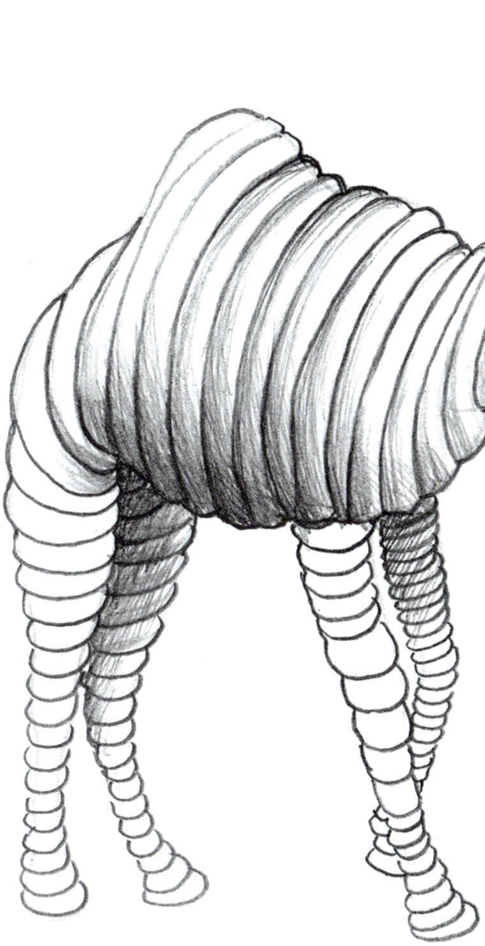

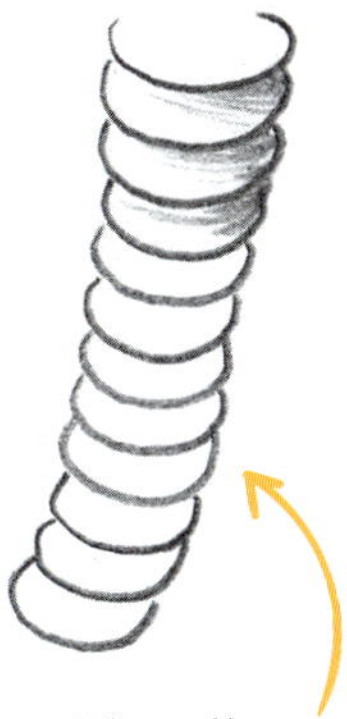

Ringelige
Würste

Das Wurst-Dromedar
Zeichne Regenwurm-Strukturen an einen Dromedar-Körper.

Der Wollfrosch
Gib dem Frosch ein Geflecht aus Wollkringeln.

So entstehen
Wolle-Kringel.

Aus Kreisen werden ganz einfach Blubberblasen.

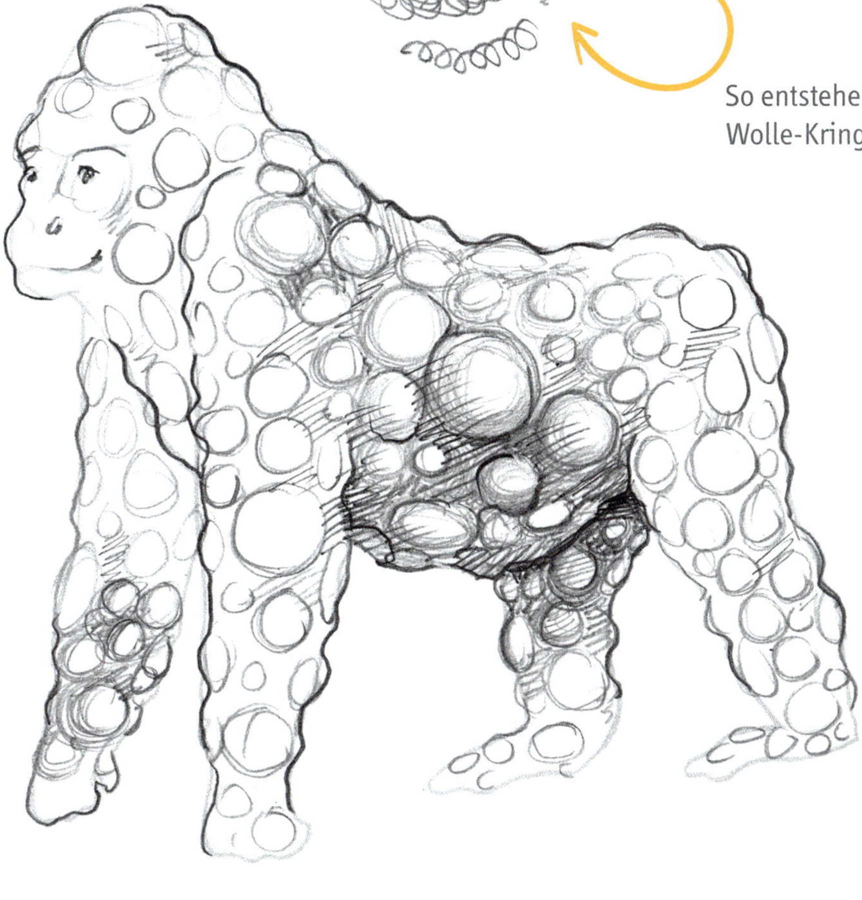

Der Blubber-Gorilla
Verpasse dem Gorilla Blubberblasen.

PARTY PEOPLE

Weil die Art der Gestaltung der vorherigen Seiten richtig Spaß macht und vor allem sehr viel bringt, um sich weiter zu verbessern, machen wir das Ganze jetzt noch einmal mit coolen Party-Mädchen.

TIPP

Abpaustechniken
Eine gute Methode zum Abpausen ist es, ein Papier auf die Vorlage zu legen und beide Seiten dann gegen ein Fenster zu halten, so dass durch das Licht die Konturen durchscheinen.

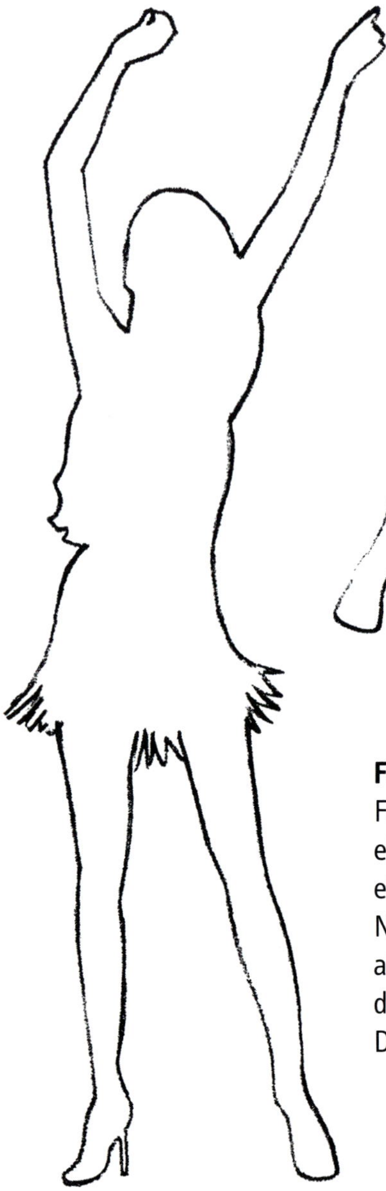

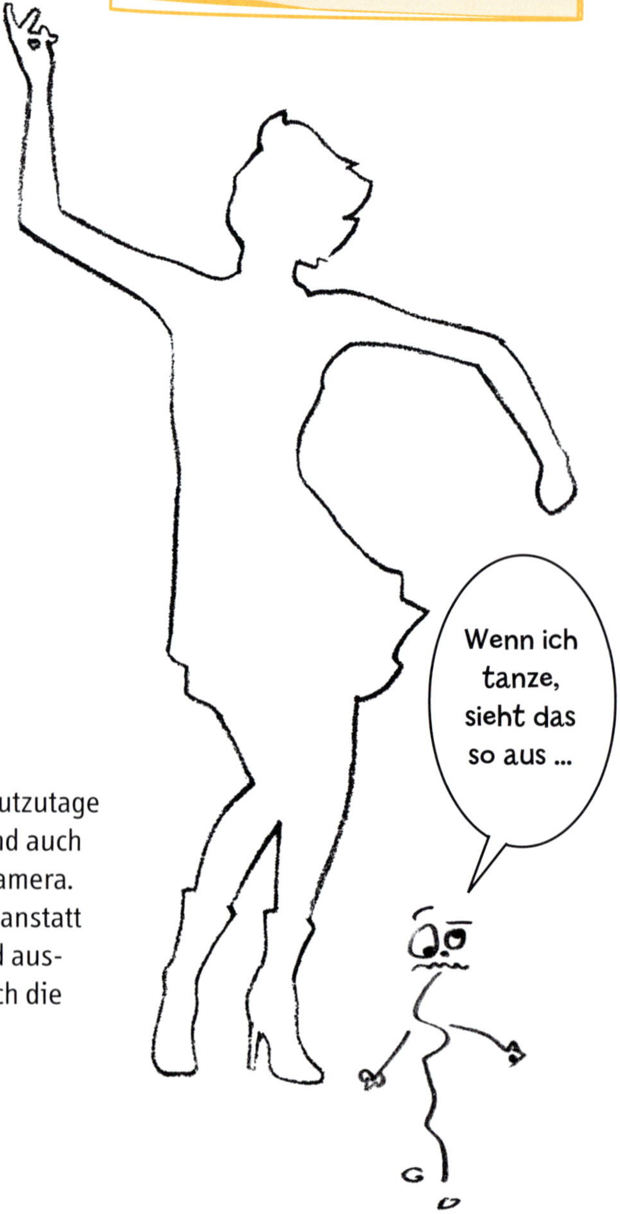

Fotokopierer oder Scanner
Fast in jedem Haushalt gibt es heutzutage einen Computer, einen Drucker und auch einen Scanner, bzw. eine Digitalkamera. Natürlich kannst du die Vorlagen anstatt abzupausen auch einscannen und ausdrucken oder du druckst dir einfach die Download-Vorlage aus.

Zeichne Streifen, Kreise, Quadrate ... was fällt dir noch ein?

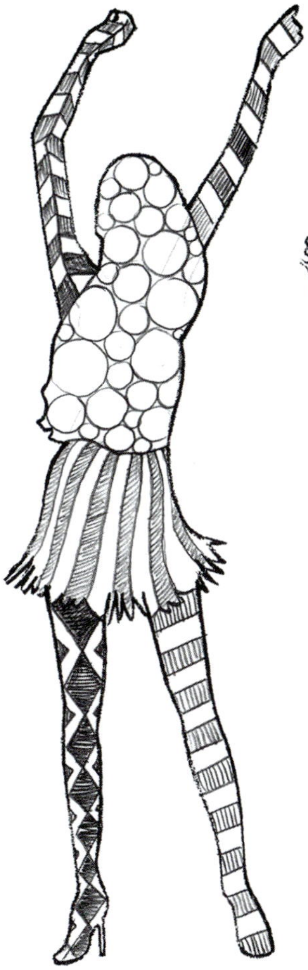

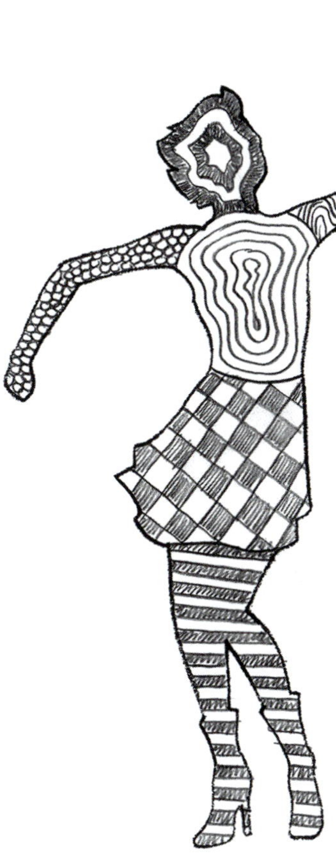

Muster
In der oberen Reihe habe ich einige Muster verwendet, die bereits wie Kleidung aussehen.

Strukturen
Die untere Reihe wurde mit Haar-, Woll- oder Faserstrukturen gestaltet. Probier es auch mal aus!

Haare

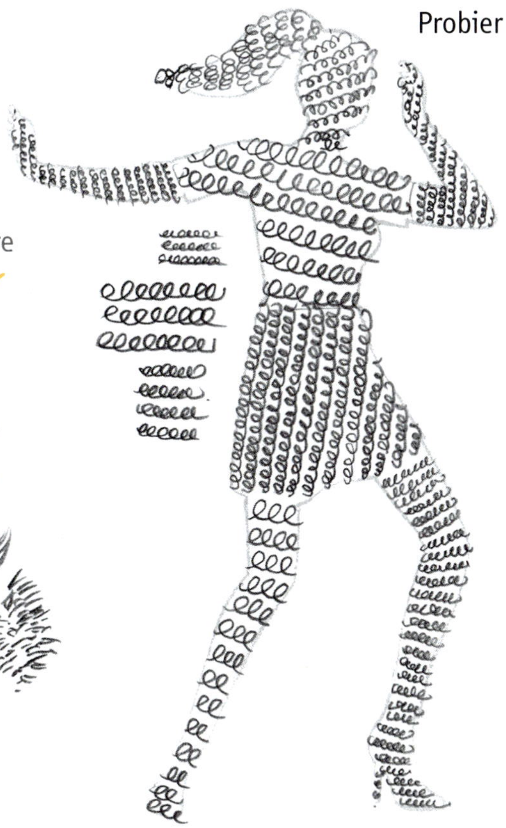

Faserig aufgebrochene Linien.

INVASION AUS DEM ALL

Du hast in deinem Zimmer bestimmt noch Spielfiguren von Action-Figuren, Puppen und Co. Vielleicht ist dir schon mal aufgefallen, dass diese aus vereinfachten Formen zusammengesetzt sind. So ist es auch beim Zeichnen, was wir zunächst anhand dieser Mini-Aliens üben.

Ganz einfache Formen
Hier siehst du die einfachsten Formen. Fange damit am besten an und erfinde immer neue Kombinationen.

Verschiedene Größen
Zeichne solche Figürchen in verschiedenen Größen.

Ähnlichkeiten
Wie von selbst entstehen tier- oder menschenähnliche Figuren.

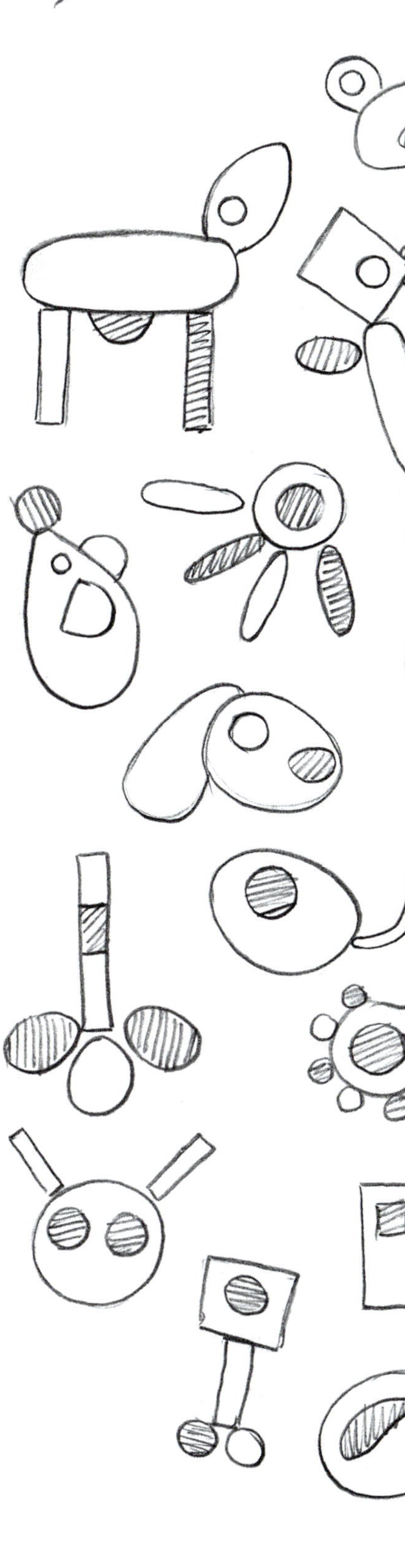

Hallo Du!
Sechs einfache Formen genügen und ein Männchen entsteht. Zeichne noch Augen und Mund dazu und schon erweckst du es zum Leben!

EINFACHE TIERFORMEN

Ein Stückchen weiter als die lustigen Aliens von der vorherigen Doppelseite gehen diese kleinen Tierchen. Versuche hier mit ganz einfachen zeichnerischen Mitteln kleine Tiere zu zeichnen. Überlege mal, welche Tiere dir noch einfallen.

Auf Details verzichten
Bei diesen Mini-Skizzen geht es nicht um eine detailgenaue Darstellung eines Tieres, sondern darum, mit wenigen Strichen die typischen Merkmale jedes einzelnen Tieres zu treffen.

Lybelle in drei Arbeitsschritten.

Fisch in drei Arbeitsschritten

Giraffe in drei Arbeitsschritten

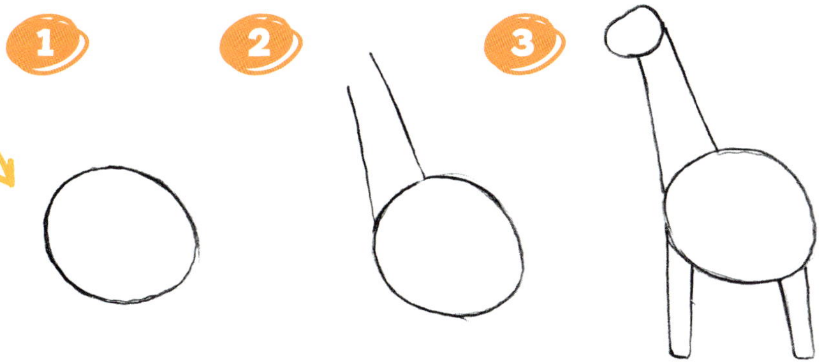

TIPP

KLEINE KÜNSTLER

Hier siehst du ein paar Tierchen, die Daphne (9 Jahre alt) gezeichnet hat. Wer die kleinen Tiere zeichnen kann, wird die großen auch hinbekommen!

GRUNDFORMEN KOMBINIEREN

Jetzt kommen wir zu einem der wichtigsten Teile im Buch. Wie bei einem Baukasten werden Menschen und Tiere aus einfachen Grundformen zusammengesetzt. Wenn du das geübt und verinnerlicht hast, gelingen dir später die tollsten Motive.

Die Grundformen
Viereck, Dreieck und Kreis sind die wichtigsten Formen. Hier siehst du sie in verschiedenen Abwandlungen. Zeichne sie nach und übe dich an verschiedenen Varianten.

Kreise, Ovale und Elipsen
Diese Elemente braucht man sehr häufig, besonders bei den ersten Strichen einer Zeichnung. Fallen dir noch mehr rundliche Formen ein?

Stark gekrümmtes Rechteck.

Auch solche Bohnen-Formen werden oft gebraucht, besonders für den Tierkörper.

Aus Formen werden Tiere
Anhand des Elefants und des Fohlens siehst du, wie aus den einfachen Formen durch Zusammensetzen Tiere enstehen. Zeichne die beiden Tiere nach und achte darauf welche Formen du benötigst.

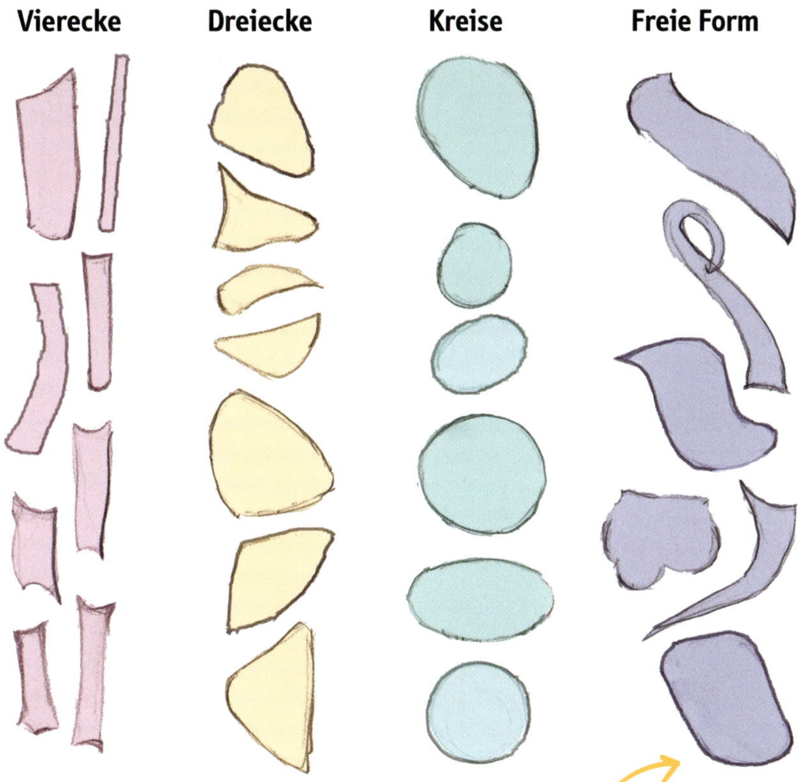

Die vierte Form – freie Form
Es gibt noch eine weitere Form, die wichtig ist, nämlich die ganz freie Form, z. B. für den Schwanz eines Hundes oder die Mähne eines Pferdes.

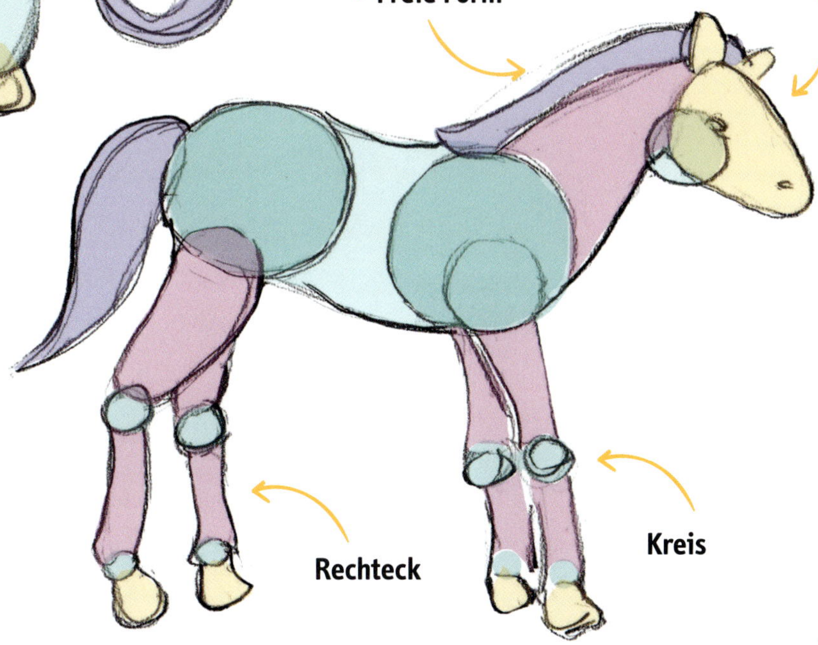

TIPP

Beobachte deine Umgebung
Nicht nur Tiere und Menschen kannst du aus diesen Bausteinen zusammensetzen. Auch Häuser, Pflanzen oder Fahrzeuge lassen sich so darstellen.

AUS DEM BAUKASTEN

Dieser Frosch besteht fast nur aus Ovalen.

Wie den Elefant und das Fohlen von der vorherigen Doppelseite kannst du nun auch andere Tiere mit dem Zeichenstift zusammenbauen. Manche sind dabei ganz einfach und mit wenigen Elementen darstellbar, andere sind etwas schwieriger und kleinteiliger. Schau sie dir mal genauer an und versuche die einzelnen Formen zu erkennen. Im nächsten Kapitel geht es dann Schritt für Schritt weiter beim Zeichnen der Tiere.

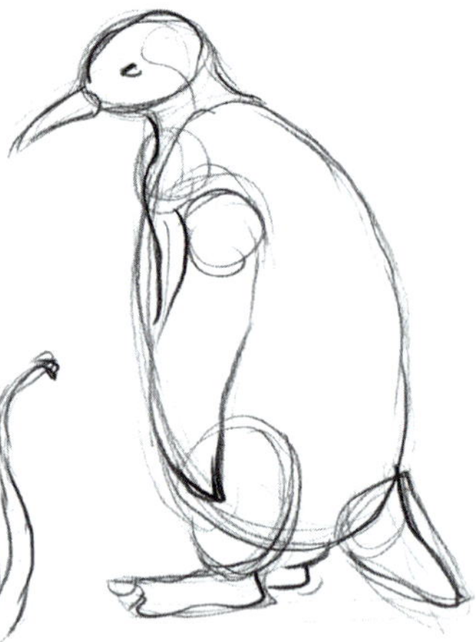

Genau beobachten
Schau dir die Tiere genau an, die du zeichnen möchtest, und versuche die einfachen Formen in deinen Fotovorlagen zu erkennen.

Überschneidungen später entfernen
Beim Elefanten links wird es ganz deutlich. Die Formen werden immer ganz durchgezeichnet, auch wenn sie sich überschneiden. Das macht es viel einfacher. Die Überschneidungen können später wegradiert werden. Achte deshalb darauf, die Formen ganz zart zu zeichnen.

Extreme Formen
Manche Tiere haben sehr extreme Formen, wie z. B. die ganz dünnen Beine eines Vogels.

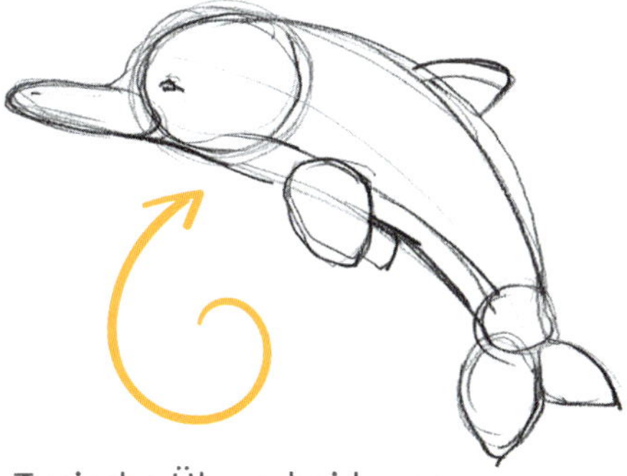

Typische Überscheidungen, die später wegradiert werden.

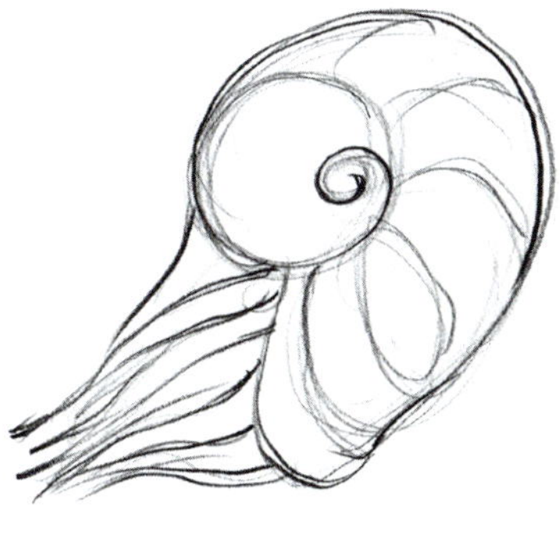

TIPP

So wenig wie möglich
Der Trick beim Zeichnen dieser Tiere mit einfachen Grundformen besteht darin, zu erkennen, wie man den Körper aus so wenigen Bausteinen wie möglich zusammensetzen kann. Mit etwas Übung wird dir das immer leichter fallen.

SCHRITT FÜR SCHRITT – TIERE

Nun kann es fast losgehen. Das Zeichnen von Tieren auf Basis von Grundformen wurde auf den Seiten zuvor gezeigt. Was noch als letztes fehlte, ist beispielhaft und ausführlich der Schritt-für-Schritt-Aufbau beim Zeichnen von Tieren und Menschen. Diesen zeig ich dir auf den kommenden zwei Doppelseiten ganz ausführlich in sechs Schritten.

1 Grundform
Eine ganz einfach Bohnen-Form genügt, um die Grundhaltung der Katze zu zeigen. Zeichne die Grundformen ganz zart.

blaue Linie = neue Grundelemente

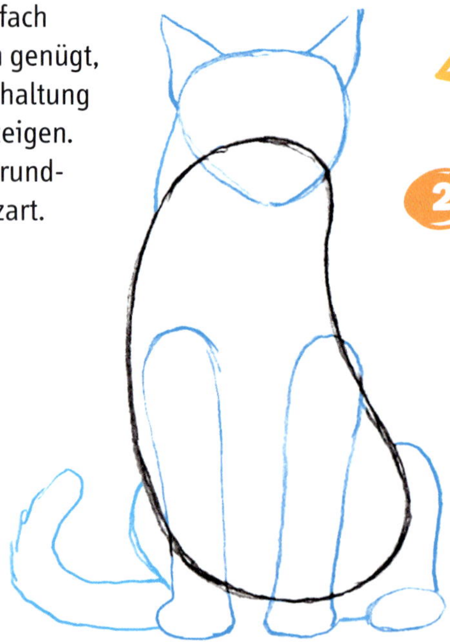

2 Weitere Formen
Zu der Grundform zeichnest du nun die weiteren Körperteile dazu wie Kopf, Beine, Schwanz (blau).

Grüne Linien = vorsichtig wegradieren bevor du weiterzeichnest

3 Details
Füge nun Details wie Augen, Schnauze und Maul hinzu. Bevor du weiterzeichnest, kannst du in diesem Schritt die grünen Linien wegradieren.

WICHTIG
Nur zur besseren Ansicht sind die Linien, die neu hinzukommen, blau. Alles, was du vorsichtig vorm Weiterzeichnen wegradierst, ist grün. Du zeichnest aber alle Linien grau mit deinem Bleistift.

Ab hier kannst du kräftigere Linien zeichnen.

4 **Dunkle Schraffuren**
Die dunklen Schraffuren zeigen, was im Schatten liegt oder dunkle Oberflächen.

TIPP

Das gilt für alle Motive
Zeichnest du den Grundaufbau der Linien von Schritt 1 und 2, wie hier gezeigt, ganz hell, dann musst du später kaum oder gar nicht radieren. Ich zeichne nur alle Linien in den Anleitungen später kräftiger, damit du sie besser siehst.

Das ist schon super!

5 **Helle Schraffuren**
Mit wenigen helleren Schraffuren kannst du nun Bereiche im Fell ausarbeiten. Zeichne auch die Augen mit einem weißen Glanzpunkt ein. Dieser Schritt sieht schon echt toll aus und du kannst stolz auf dich sein, wenn du ihn schon so gut hinbekommst.

Feine Schraffuren im Fell.

Für kleine Profis

6 **Finish**
Die Schraffurarbeit führst du so lange fort, bis deine Zeichnung fertig ist. Der letzte Schritt ist bei einigen Zeichnungen bereits Königsklasse. Lass dich nicht entmutigen, wenn es nicht auf Anhieb so aussieht wie gezeigt. Bleib dran und übe weiter und schon bald gelingt dir das genauso.

SCHRITT FÜR SCHRITT – MENSCH

Im Gegensatz zum Zeichnen von Tieren schlage ich beim Zeichnen von Menschen eine andere Vorgehensweise vor, die ab Seite 122 noch genauer beschrieben wird. Ausgangspunkt ist ein Strichmännchen, eine Art Skelett. Nun aber erst einmal den Schritt-für-Schritt-Aufbau ausführlich in sechs Schritten.

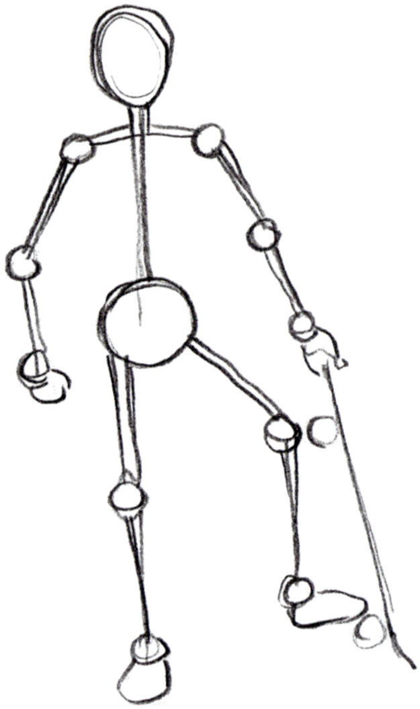

1 Strichmännchen
Mit wenigen Strichen und Kreisen wird die Figur zunächst als Skelett gezeichnet.

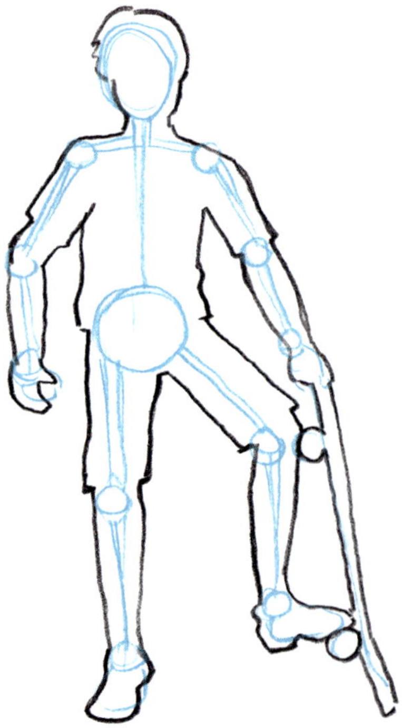

2 Konturen
Über dieses Skelett kannst du nun die Konturen deiner Figur zeichnen.

TIPP

Zwei Möglichkeiten
Entweder du zeichnest deine Strichmännchen ganz hell und dann auf dasselbe Blatt darüber. Oder du zeichnest sie so dunkel, dass sie durchscheinen, wenn du ein neues Blatt darüberlegst.

3 Details
Im nächsten Schritt werden Details an Körper und Kleidung eingezeichnet.

4 **Dunkle Schraffuren**

Zuerst werden dann dunkle Bereiche mit dunklen Schraffuren angelegt, wie hier die Hose.

Das ist schon super!

5 **Helle Schraffuren**

Mit helleren Schraffuren kannst du nun die feineren Details zeichnen. Auch hier hast du schon eine Zeichenstufe erreicht, die sich sehen lassen kann. Immer weiter so!

Feine Schraffuren am Shirt

Für kleine Profis

6 **Finish**

Am Ende arbeitest du die Schraffuren soweit aus, bis deine Zeichnung fertig ist. Mit dieser Ausarbeitung der Zeichnung hast du es dann in die Königsklasse geschafft und kannst dich einen kleinen Zeichenprofi nennen!

TIERE ZEICHNEN

Du hast Schraffuren, Konturen und Formen geübt? Dann kann es jetzt losgehen mit dem großen Kapitel „Tiere zeichnen"! Von ganz kleinen Krabbeltieren bis hin zu großen gefährlichen Tieren ist alles dabei.

KÜKEN UND KANINCHEN

★☆☆

Kleine Küken, Hasen und Kaninchen dürfen auf keinem Bauernhof fehlen. Und auch als Zeichenmotive sind sie sehr gut geeignet, denn sie sind nicht so schwer und echt süß!

1 Einfache Grundformen
Diese beiden Formen genügen, um Körper und Kopf im ersten Schritt anzulegen.

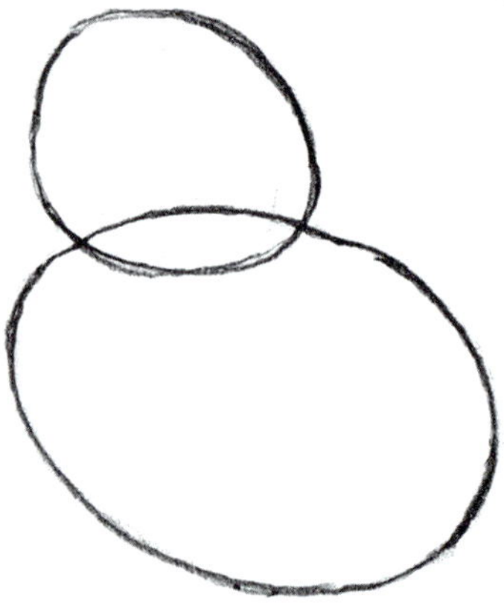

Ein Ei als Grundform.

2 Wenige Details
Hier siehst du die wenigen Details, die genügen, um das Küken darzustellen.

Achte auf den genauen Ansatz der Beine.

3 Flauschiges Fell
Breche nun mit feinen zackigen Schraffuren die Kontur auf und zeichne die dunklen Bereiche wie auch das Auge mit Glanzpunkt und den Schnabel.

4 Krümel
Noch einige hellere Schraffuren sowie Parallel- und Kreuzschraffuren und schon ist das Küken fertig. Die wenigen Krümel vorne erzeugen gleich mehr Stall-Atmosphäre.

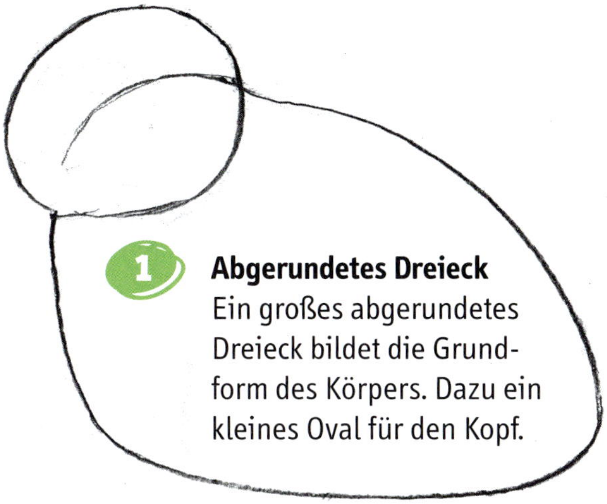

1 **Abgerundetes Dreieck**
Ein großes abgerundetes Dreieck bildet die Grundform des Körpers. Dazu ein kleines Oval für den Kopf.

2 **Kaninchenohren**
Jetzt kannst du die typischen Kaninchenohren dazuzeichnen, dazu Schnauze, Auge und Beine.

3 **Barthaare und Gras**
Arbeite die Barthärchen und das Fell weiter aus. Male das Auge schwarz mit einem Glanzpunkt und zeichne dunkle Bereiche.

Zeichne Grashalme am Boden.

Radiere die Reste der Hilfslinien weg

4 **Feines Fell**
Nach den dunklen Schraffuren von Schritt 3 folgen jetzt noch die feinen hellen Schraffuren im Fell. Das Gras kannst du noch ausarbeiten.

Verkleinerte Abbildung

KLEINE KÜNSTLER
Diesen kleinen Hasen hat Pia (12 Jahre) gezeichnet. Der ist schon richtig süß geworden, oder?

KUH BEIM WEIDEN

★★☆

Wusstest du, dass Kühe in Indien heilig sind? Widmen wir diesem auf der ganzen Welt so wichtigen Tier unsere Aufmerksamkeit und zeichnen es.

1 Groß und klein
Zeichne das große Oval und das kleinere, abgerundete Dreieck im richtigen Größenverhältnis zueinander.

Helle Linie, z. B. mit einem Bleistift HB, reichen bei Schritt 1 und 2.

2 Typische Merkmale
Ergänze jetzt die hier blau dargestellten, typischen Merkmale wie den Schwanz, das Euter, Kopf und Beine.

Radiere ein Stückchen weg, damit das Ohr Platz hat.

Ab Schritt 3 kannst du kräftigere Konturen zeichnen.

Zeichne noch ein bisschen Gras dazu.

3 **Ganz schön fleckig**
Zeichne die Konturen nach und ergänze die Flecken, welche dunkel schraffiert werden. Die Hilfslinien (in Grün) kannst du vorsichtig vor dem Schraffieren ausradieren.

4 **Schatten**
Mit einigen helleren Schraffuren kannst du nun noch Teile des Körpers schraffieren. Dadurch sieht man, was im Schatten liegt.

KLEINE ZIEGE

★★☆

Tier-Babys sind einfach total süß! Deshalb macht es auch besonders Spaß, solch eine kleine Ziege, wie hier zu zeichnen. Der Anfang ist ein bisschen kniffelig, aber dann geht es fast von selbst.

1 Krumme Ovale
Zeichne diese beiden Ovale im richtigen Größenverhältnis zueinander.

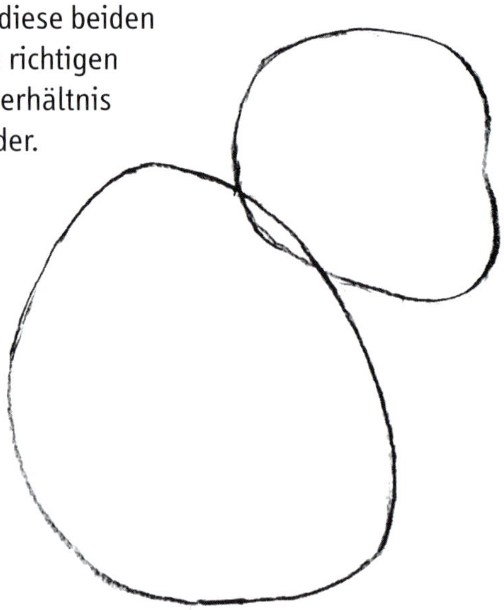

2 Beine, Ohren und Hals
Zeichne nun die groben Formen der Beine, der Ohren, des Halses und des Auges, wie in Blau eingezeichnet, hinzu.

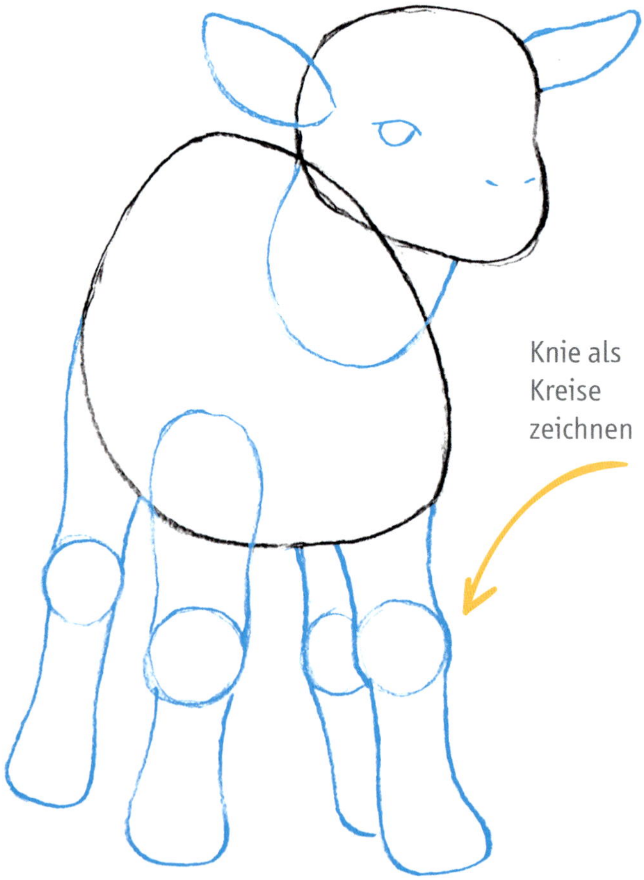

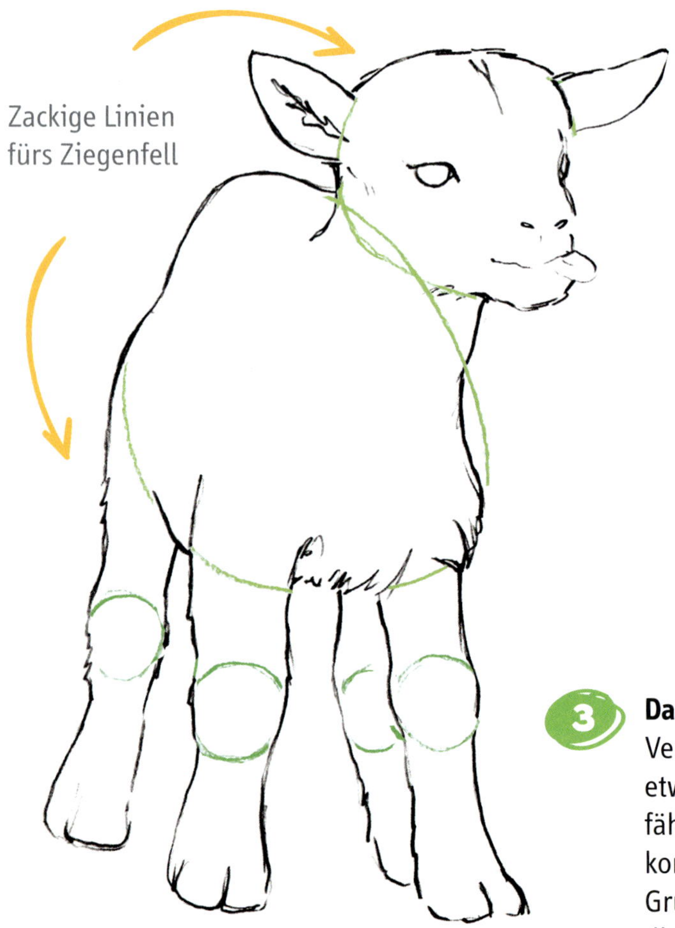

3 Das Ziegenfell
Verfeinere jetzt die Konturen, indem du die Linien etwas zackiger, dem Ziegenfell entsprechend, nachfährst. Mund, Zunge, das äußere Auge und Hufen kommen auch hinzu. Die Reste der Hilfslinien (in Grün) kannst du vorsichtig wegradieren, falls sie dich stören.

Fellschraffuren

4 **Feine Schraffuren**
Gestalte das Auge dunkel mit kleinem hellem Glanzbereich links und zeichne die Ohren fertig. Füge ein paar erste Schraffuren dem Fell entsprechend ein.

5 **Dunkle Bereiche**
Verfeinere nun die Schraffuren des Fells. Beachte, dass das hintere Bein im Schatten liegt, also dunkler werden muss.

Verkleinerte Abbildung

KLEINE KÜNSTLER
Diese kleine Ziege hat Daphne, 9 Jahre, gezeichnet. Das bekommst du bestimmt auch hin, probier es einfach!

Schattenbereich

MAMA-SCHWEIN MIT FERKEL

★★☆

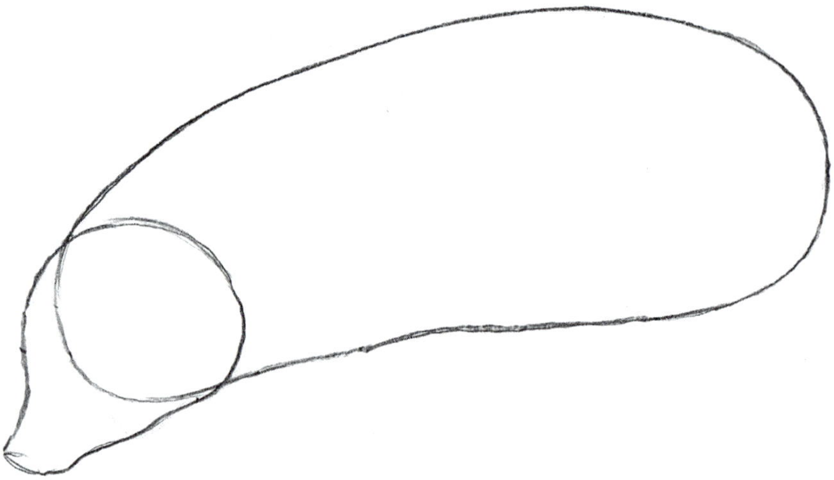

Schweine sind vermutlich neben Kühen die klassischen Farmtiere schlechthin. Besonders das Ferkelchen zusammen mit seiner Schweine-Mama ist ein schönes Motiv. Das große Schwein von der Seite, das Ferkel schräg von vorne.

1 Langes Oval
Ein lang gezogenes Oval bildet bei beiden Tieren die Grundform. Dazu kommt eine leicht spitz zulaufende Form für den Kopf.

2 Charakteristische Details
Jeder kennt die typischen Schweineohren und den kleinen Ringelschwanz. Diese typischen Merkmale und die Beine werden nun dazu gezeichnet.

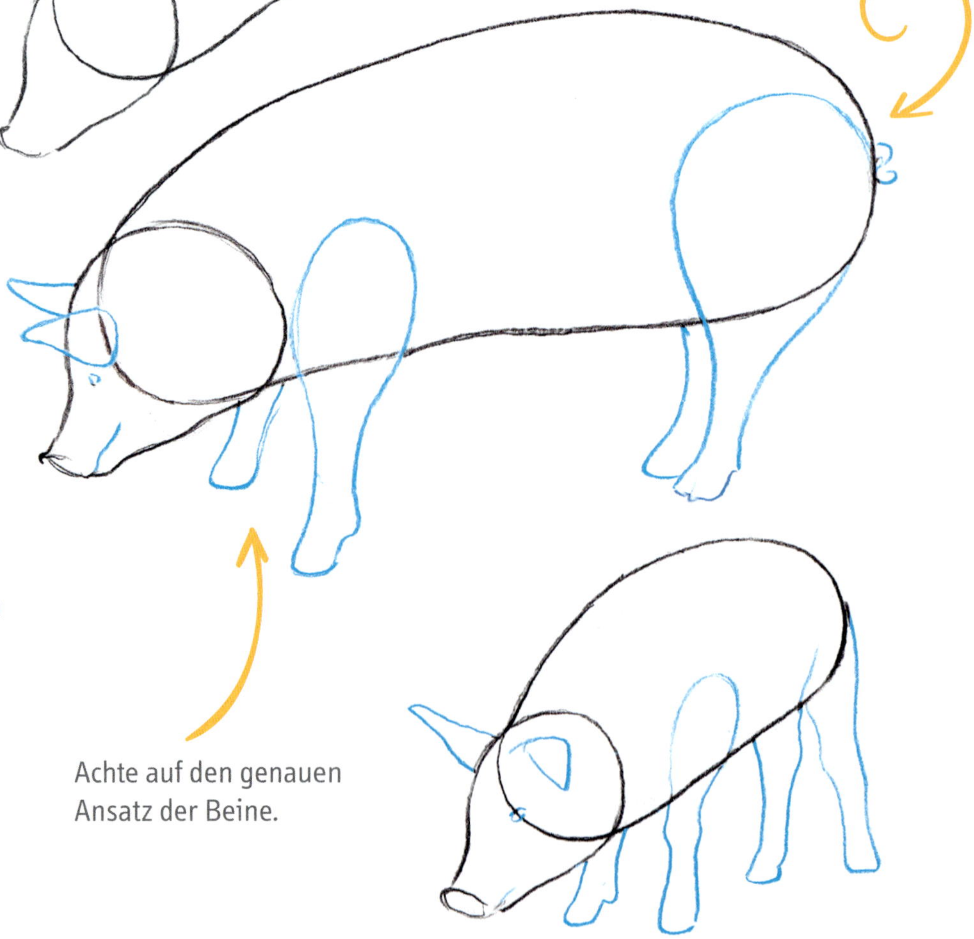

3

Schattenbereiche

Die hinteren Beine werden am oberen Ansatz dunkel schraffiert (Schatten) und die Konturen am Körper nachgezogen.

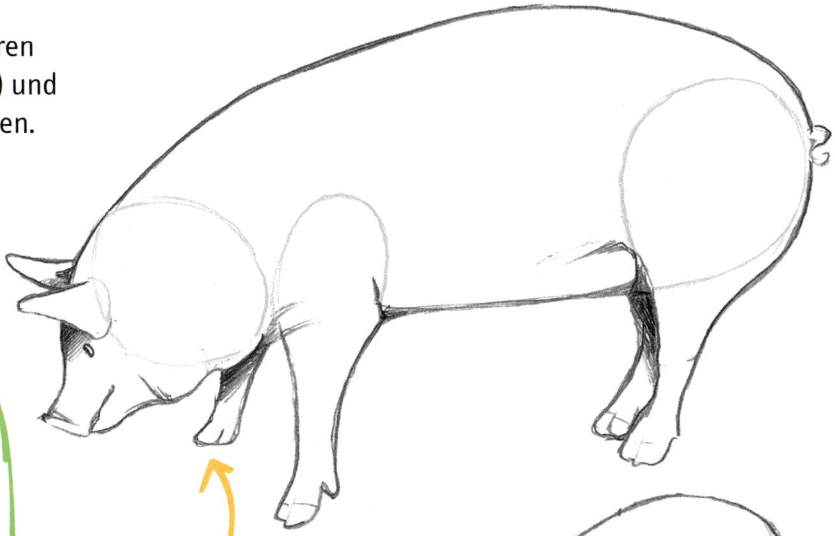

DETAILANSICHT

Im Detail siehst du genau, wie wenig man braucht, um den Schweinekopf darzustellen. Auge und Mund sind nur ein Punkt und eine Linie.

Radiere die Hilfslinien weg

4

Letzte Details

Helle Parallel- und Kreuzschraffuren verdeutlichen den runden Körper. Zeichne noch ein bisschen Boden unter die Beine sowie ganz klein die Zizen am Mama-Schwein, schon sind die beiden fertig.

Schweine sind Paarhufer.

SCHAF UND GOCKEL

★★☆

Zwei weitere Klassiker im Stall sind Schaf und Gockel, wobei beim Zeichnen die Aufgaben ganz unterschiedlich sind. Schauen wir mal ganz genau hin.

1 Ähnlichkeiten
Die Grundformen beim Schaf sind ganz ähnlich wie beim Schwein, nur ist das lang gezogene Oval des Körpers beim Schaf eher etwas nach oben gebogen, beim Schwein eher nach unten.

2 Weniger charakteristisch
Die weiteren Körperteile des Schafs sind nicht so charakteristisch, sollten aber denoch so genau wie möglich gezeichnet werden.

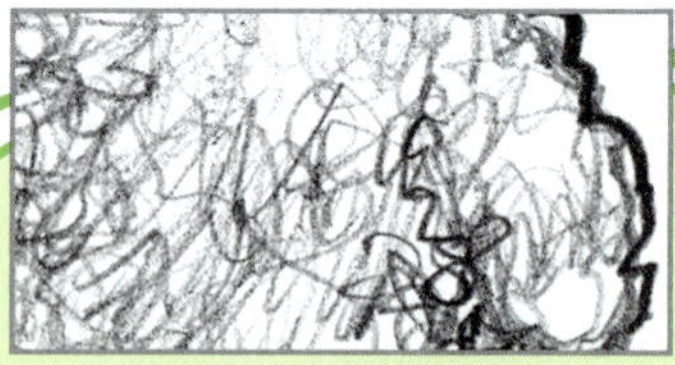

DETAILANSICHT
Hier siehst du genau wie die Wollestruktur entsteht: Kreisende Bleistiftlinien und wellige Konturen sind die Technik, die du anwenden musst.

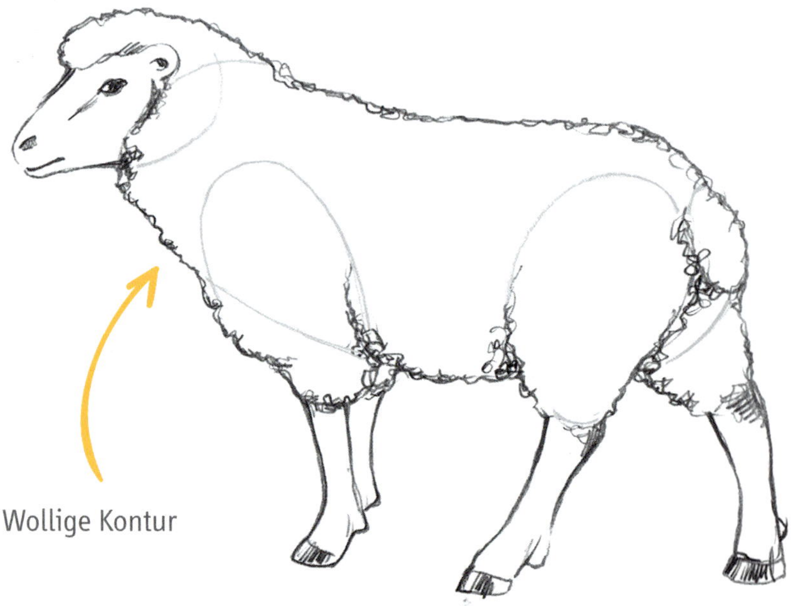

Wollige Kontur

3 Typisches Fell
Ab Schritt 3 kommt nun das hinzu, was ein Schaf so typisch macht, nämlich das wollige Fell. Hier kannst du zeigen, was du im Grundkurs gelernt hast. Male zudem noch das Auge und die Hufen mit Glanzeffekten.

4 **Wolle vom Feinsten**
Die Arbeit von Schritt 3 setzt du weiter fort, indem du die Wolle in verschiedenen Helligkeitsstufen fertig zeichnest, um dem Körper seine Form zu geben.

1 2 3 4

Experiment
Du kennst jetzt bereits ganz gut die Abläufe beim Zeichnen eines Tieres, deshalb machen wir ein Experiment: Hier siehst du eine Hahn in vier Arbeitsschritten. Versuche ihn anhand der Zeichnungen nachzuzeichnen, ohne dass du noch weitere Erklärungen dazu hast.

Gebogene Bohnenform

1

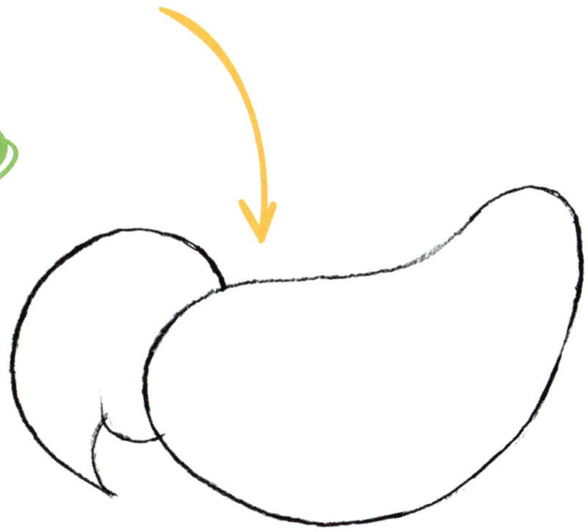

2

3

4

WILDER LÖWE

★★☆

Jetzt kommen wir zu den Wildtieren. Dabei darf der Löwe, der König der Tiere, natürlich nicht fehlen: Wage dich nun heran an dieses majestätische Tier!

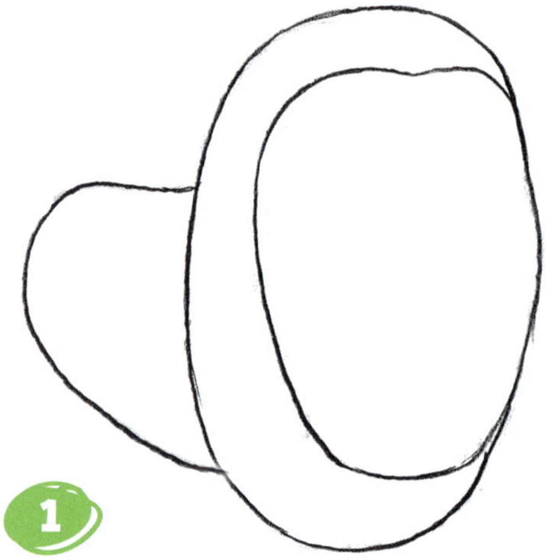

1

Perspektive
Dieser Löwe wird in einer Ansicht schräg von vorne dargestellt. Deshalb ist der Anfang etwas schwieriger. Achte genau auf die richtigen Formen und Größen der ersten Elemente.

2

Beine und Gesicht
Wenn die Grundformen stimmen, ist es einfach die Beine, das Gesicht und die Ohren einzuzeichnen.

Genaue Stellung der Beine beachten.

3

Zottelige Mähne
Zeichne nun die Konturen dem Fell entsprechend zotteliger, besonders die Mähne und entferne vorsichtig die Hilfslinien.

4

Kräftige Linien
Mit einem weichen Bleistift werden die schwarzen Bereiche gezeichnet, z. B. die langen Haare unten an der Mähne oder das Maul.

Das ist schon super!

6 **Feines Fell**
Im vorletzten Schritt werden Teile der Beine, der Mähne und des Gesichtes heller schraffiert. Die Schraffur-Linien in der Mähne sind dabei länger als die am restlichen kurzhaarigen Körper.

6 **Feine Haare**
Mit helleren Schraffuren kannst du die feiner behaarten Bereiche des Fells zeichnen ebenso die Details am Kopf und in der Mähne.

Für kleine Profis

GROSS WIE EINE GIRAFFE

★★☆

Die Giraffe ist sicher eines der beeindruckendsten Tiere überhaupt. Ihr langer Hals, die langen Beine und vor allem das Muster auf dem Fell machen sie zu einem tollen Zeichenmotiv.

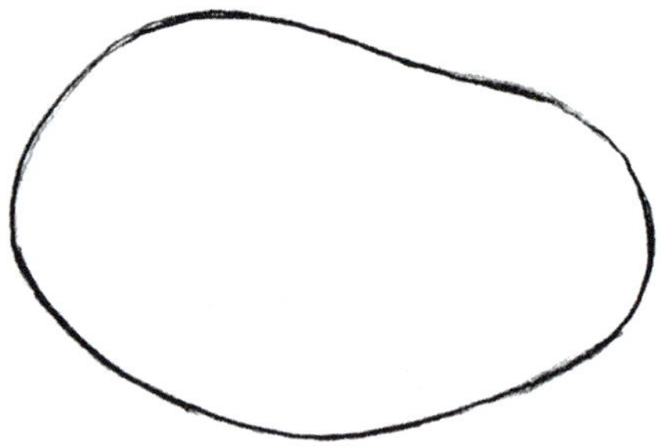

1 **Eingedrücktes Ei**
Diese einfach Form, die einem etwas gequetschten Ei ähnelt, ist die Ausgangsform beim Zeichnen.

2 **Lang, länger, am längsten**
An diese Form von Schritt 1 werden jetzt die langen Beine und der lange, etwas spitz zulaufende Hals gezeichnet.

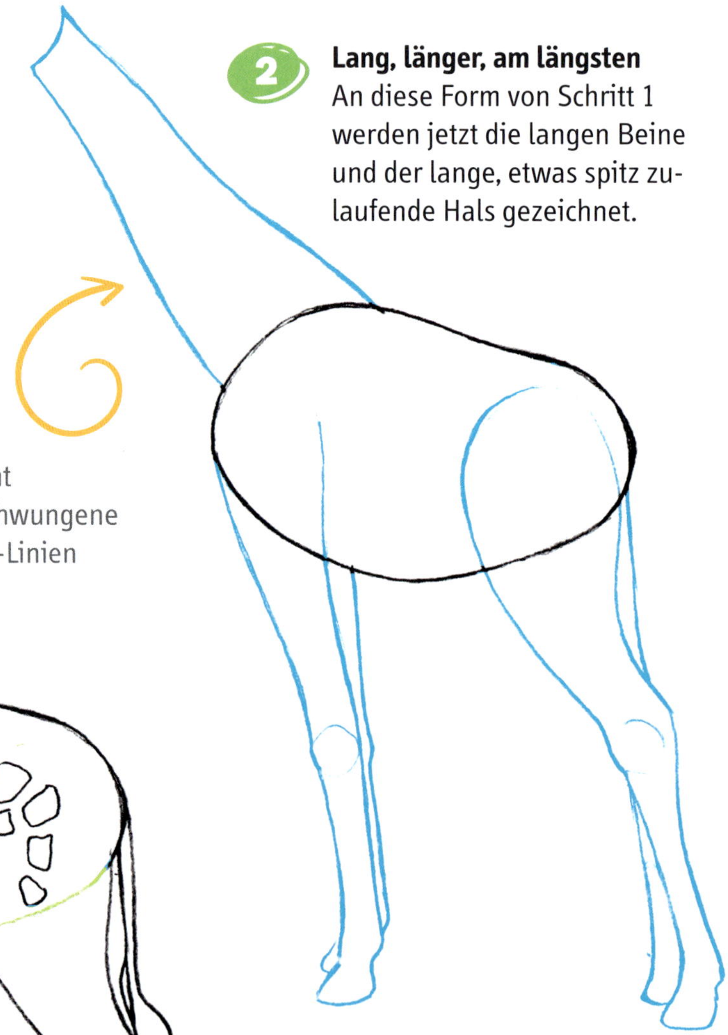

Leicht geschwungene Hals-Linien

3 **Fleckenmuster**
Der kleine Kopf, die Mähne und der Schwanz kommen dazu. Noch schnell die Hilfslinien wegradieren und schon kannst du anfangen das Fleckenmuster anzulegen.

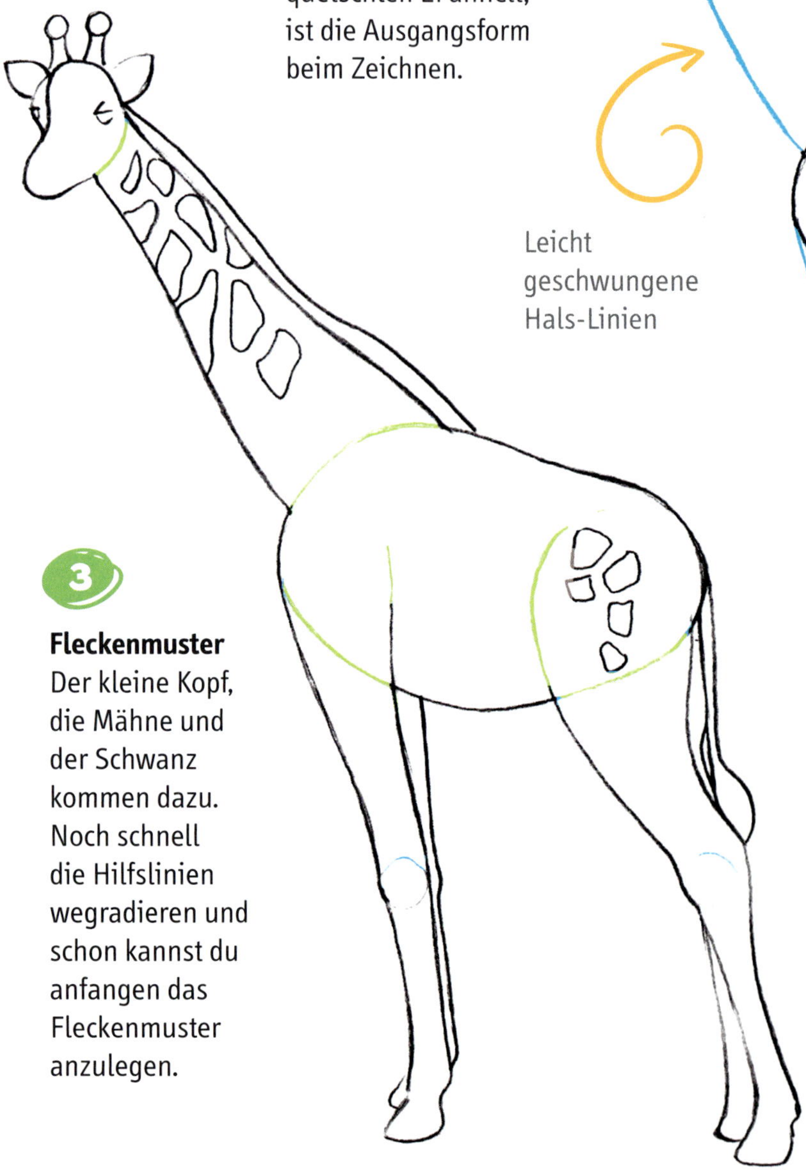

Das ist schon super!

4 **Geduld**
Für das Zeichnen des Fleckenmusters brauchst du etwas Geduld. Die Flecken werden unten an den Beinen und oben am Hals kleiner.

Für kleine Profis

5 **Nur ein Hauch**
Ganz wenige helle Schraffuren am Körper, an den Beinen und im Gesicht genügen, um das Motiv fertig zu zeichnen.

Mini-Zeichnung in Originalgröße

KLEINE KÜNSTLER
Pia kennt ihr bereits. So hat die Zwölfjährige eine kleine Giraffe gezeichnet.

BABY-NILPFERD UND NASHORN

★☆☆ NILPFERD

★★☆ NASHORN

Auf dieser Doppelseite sind zwei mit ähnlicher Körperform abgebildet: Das süße kleine Nilpferd und das starke Nashorn. Das Nilpferd bekommst du sicher hin, probier auch mal das Nashorn!

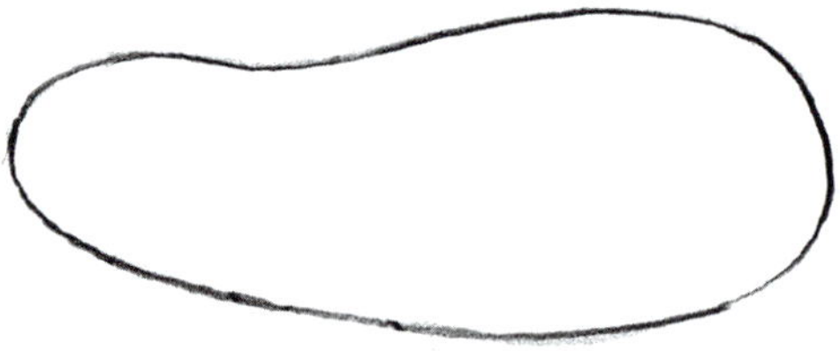

1 In die Länge gezogen
Diese stark in die Länge gezogene Bohne bildet die Grundform beim Zeichnen des Baby-Nilpferdes.

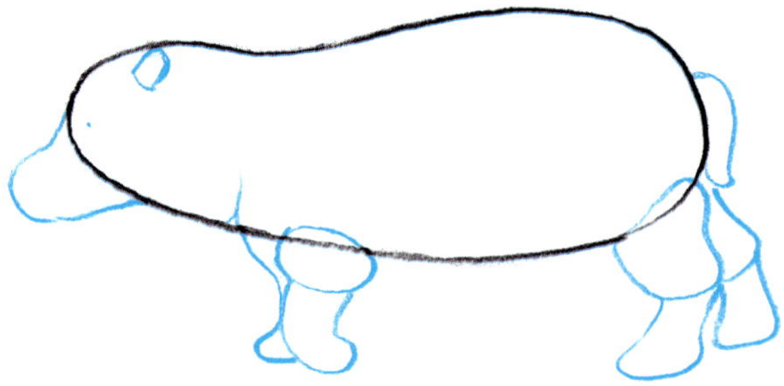

2 Kleine Körperteile
Typisch bei Baby-Tieren sind die kleinen noch wenig ausgeprägten Körperteile.

3 Winzige Details
Schau dir Mund, Augen und Ohren genau an und zeichne sie ebenso klein wie hier abgebildet. Vergiss nicht die Hilfslinien wegzuradieren.

4 Erste Schatten
Dunkel kannst du nun die ersten Schattenbereiche an Beinen und Kopf einzeichnen.

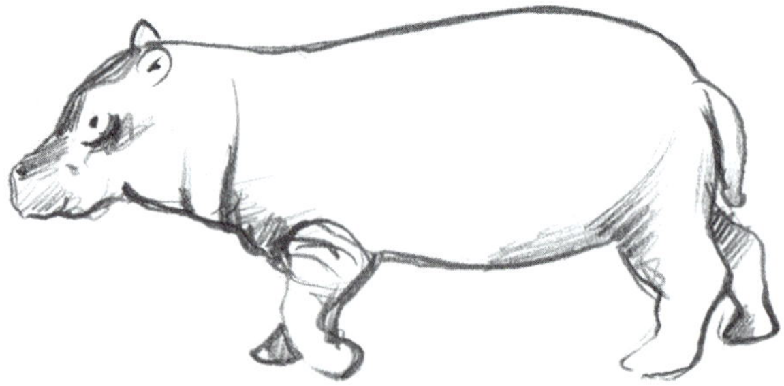

5 Glänzende Haut
Die Haut eines Baby-Nilpferds ist eher glänzend und feucht, weshalb viel weiß bleibt.

1 Zwei Formen
Mit diese beiden Formen fängst du an.

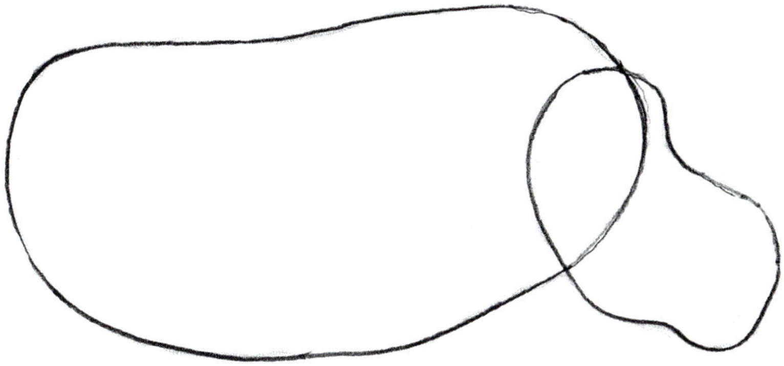

2 Charakteristisches Horn
Im zweiten Schritt werden Beine, Ohren und vor allem die typischen Hörner eingezeichnet.

Achte auf die genaue Beinstellung

3 Schatten
Nach dem Ausradieren der Hilfslinien, werden die hinteren Beine, die Ohren und der Hals dunkel schraffiert.

4 Runder Körper
Mit einigen hellen Schraffuren kannst du die Details und vor allem den runden Körper herausarbeiten.

AFRIKANISCHER ELEFANT

★★☆

Ihr kennt sicher den Unterschied zwischen einem afrikanischen und einem indischen Elefant, nämlich die Ohrengröße. Zum Zeichnen sind die großen Ohren des afrikanischen Elefants natürlich spannender.

1 Großes Volumen
Für den Körper des Elefanten brauchst du natürlich eine große Form. Dazu die Grundform des ebenfalls großen Kopfs.

2 Stoßzähne, kräftige Beine und große Ohren
Ein Elefant hat ganz typische Merkmale, die du nun zu deinen beiden Grundformen dazuzeichnen kannst. Die Beine sind stämmig, der Rüssel lang und die Stoßzähne gebogen.

3 Hilfslinien oder Falten?
Hier siehst du in Grün wieder die Hilfslinien, die du wegradieren kannst. Beim Elefant kannst du diese aber auch stehen lassen und in die faltige Haut des mächtigen Tieres einarbeiten.

Unten bleibt alles zunächst offen.

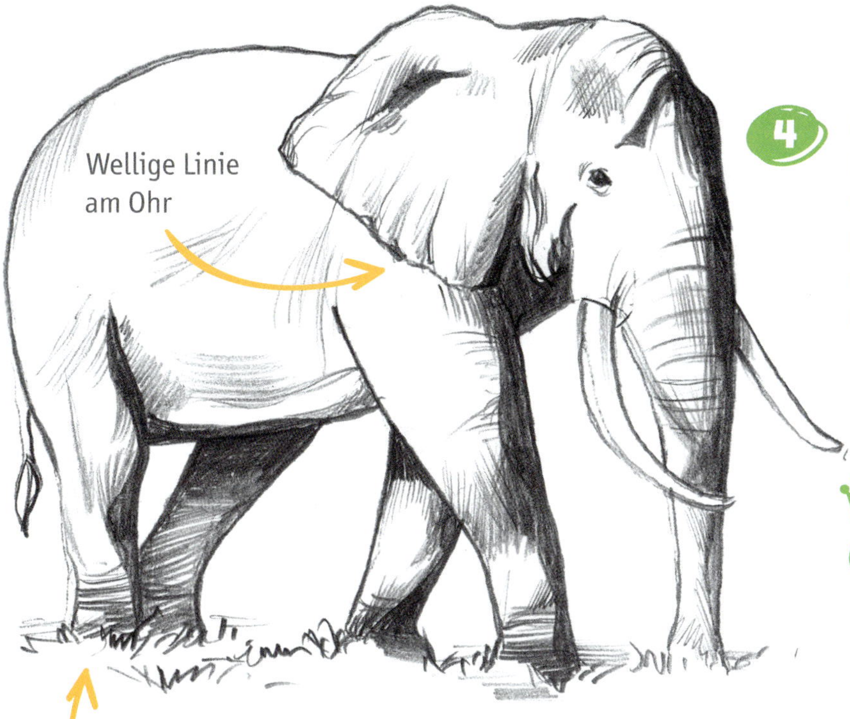

Wellige Linie am Ohr

Zeichne noch etwas Gras unter die Füße.

Das ist schon super!

4 Kräftige Schatten

Damit der Elefant später richtig zur Geltung kommt, zeichnest du nun einige kräftige dunkle Schatten an den Beinen und am Rüssel ein. Im Rüssel werden bereits die ersten Falten angedeutet.

Für kleine Profis

5 Viele Falten

Mit feineren Schraffuren kannst du jetzt noch die vielen großen und kleinen Falten und die helleren Körperbereiche zeichnen.

TIERE IN BEWEGUNG

Die Abbildung unten zeigt einen Elefanten beim Laufen. Wenn du dich beim Zeichnen bereits etwas sicherer fühlst, dann versuche auch mal ein Tier in Bewegung zu zeichnen.

BISSIGES KROKODIL

★★★

Zum Abschluss der Wildtiere noch ein schwereres Motiv: das Krokodil. Dabei ist die Form nicht so schwierig, aber am Ende die Ausgestaltung der Krokodilshaut.

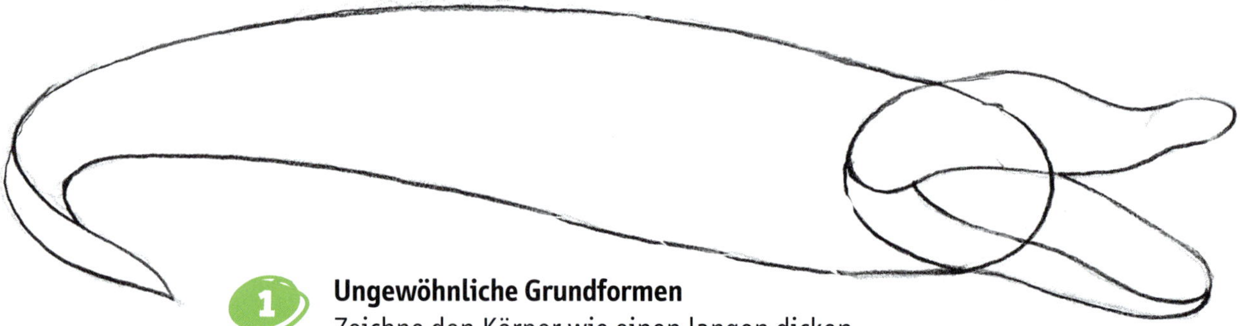

1 Ungewöhnliche Grundformen
Zeichne den Körper wie einen langen dicken Haken, dazu dann den Kopf, bestehend aus zwei offen stehenden Klappen.

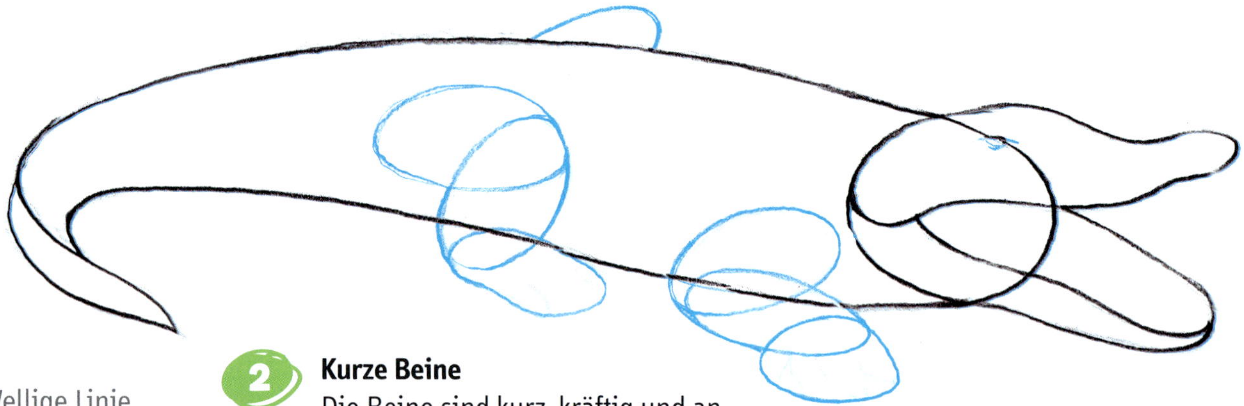

2 Kurze Beine
Die Beine sind kurz, kräftig und an den Knien stark abgebogen. Das Auge zeichnest du ganz schmal.

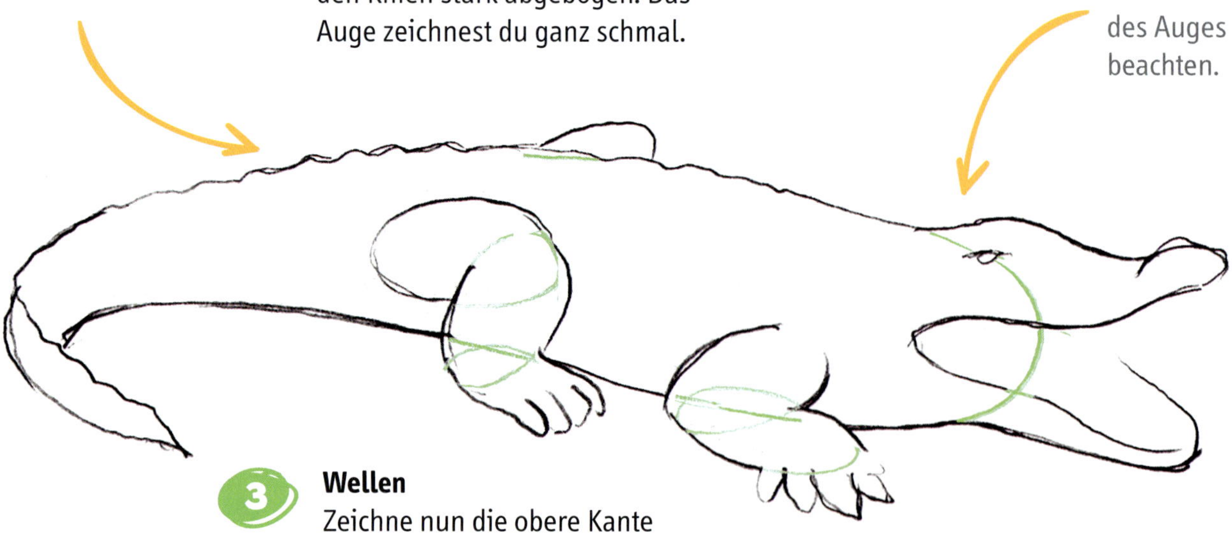

3 Wellen
Zeichne nun die obere Kante des Krokodils in kleinen Wellen und auch die Pfoten des Tieres. Vergiss nicht die Hilfslinien zu entfernen.

Das ist schon super!

4 **Schuppen und Zähne**
Lege nun mit wenigen Linien die Grundstruktur der schuppigen Haut an. Zeichne auch die vielen Zähne ins Maul.

Manche Schuppen werden hell, andere dunkel.

Für kleine Profis

5 **Geduld**
Die Ausarbeitung der vielen großen und kleinen Schuppen auf der Haut erfordert einiges an Geduld, aber am Ende sieht es toll aus.

Spitze Krallen

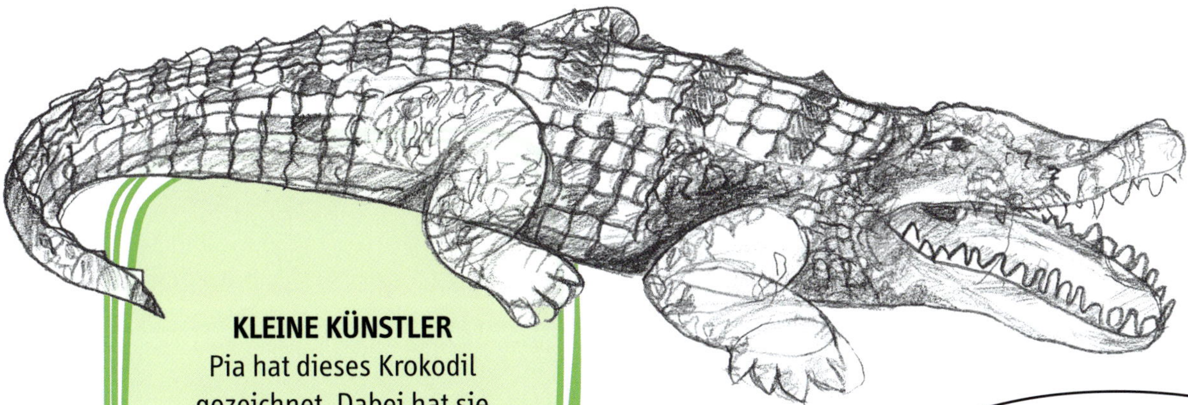

KLEINE KÜNSTLER
Pia hat dieses Krokodil gezeichnet. Dabei hat sie Schritt 2 abgepaust und dann daran weiter gearbeitet.

PAPAGEI

★★☆

Eigentlich beeindruckt ein Papagei besonders durch die Farbigkeit seines Gefieders, aber auch als Motiv für eine Bleistiftzeichnung eignet er sich durch die starken Hell-Dunkel-Kontraste sehr gut.

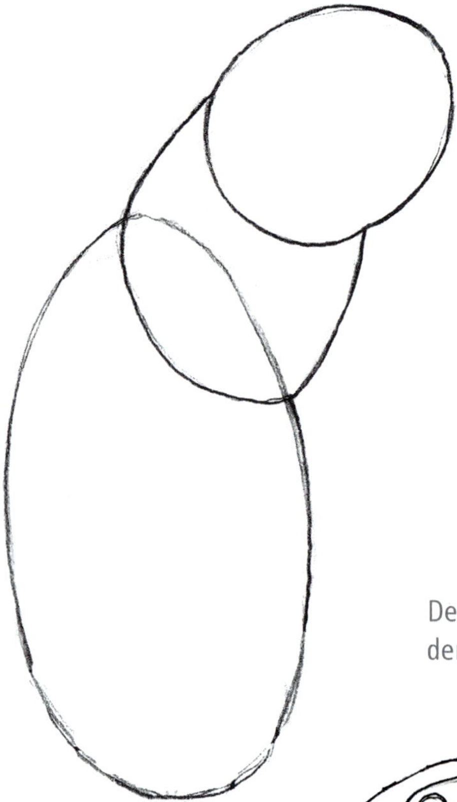

1 Drei verschiedene Formen

Das langgezogene große Oval, das verzerrte Rechteck und das Oval des Kopfes bilden den Grundaufbau.

2 Flügel, Schnabel und Krallen

Die weiteren Details des Papageis sind, wie hier in Blau sichtbar, nicht schwer einzuzeichnen.

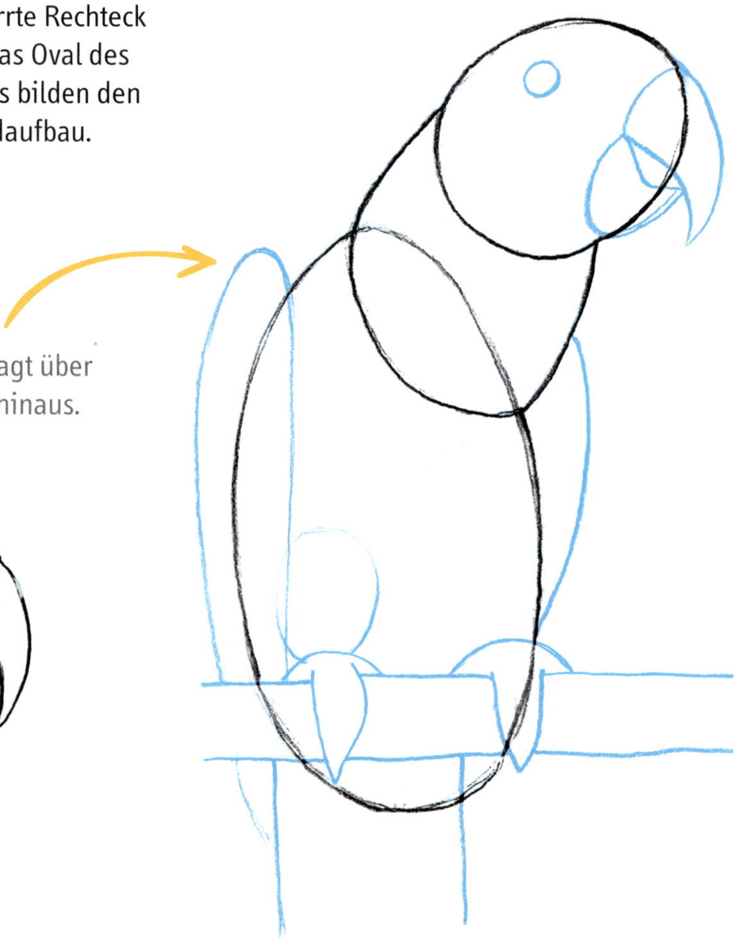

Der Flügel ragt über den Körper hinaus.

3 Gefieder

Radiere die grünen Hilfslinien jetzt aus und zeichne dafür die ersten Strukturen des Gefieders ein.

4

Starker Kontrast
Jetzt kannst du die typischen schwarzen Bereich am Kopf und im Gefieder zeichnen.

Ganz feine Strukturen am Kopf

5

Feinheiten
Mit feinen Schraffuren werden nun die Details, besonders im Gesicht und an den Krallen, herausgearbeitet.

Das ist schon super!

Für kleine Profis

6

Graue Bereiche
Mit weiteren hellen Schraffuren werden die halb-dunklen Bereiche im Gefieder gezeichnet.

Verkleinerte Abbildung

KLEINE KÜNSTLER
Daphnes Zeichnungen kennt ihr ja bereits. Hier hat sie Schritt 2 abgepaust und daran weitergezeichnet.

STRAUSS

★★☆

Bist du schon einmal vor einem ausgewachsenen Vogel Strauß gestanden? Ganz schön beeindruckend diese großen Tiere, auch wenn sie nicht fliegen können. Als Zeichen-Modell eignen sie sich perfekt!

1 Größenunterschiede
Auffallend sind beim Strauß die Größenunterschiede der Körperteile. Der Körper ähnelt einem großen Kasten, der Hals ist wie ein Rohr, darauf dann der kleine Kopf.

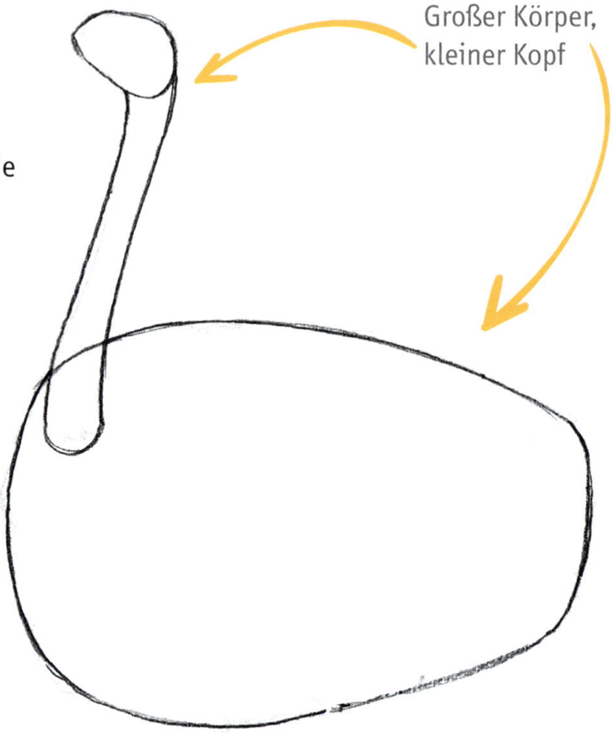

2 Stelzen
Die langen Beine des Straußes muten wie zwei Stelzen an. Zeichne sie kräftig, aber nicht zu dick.

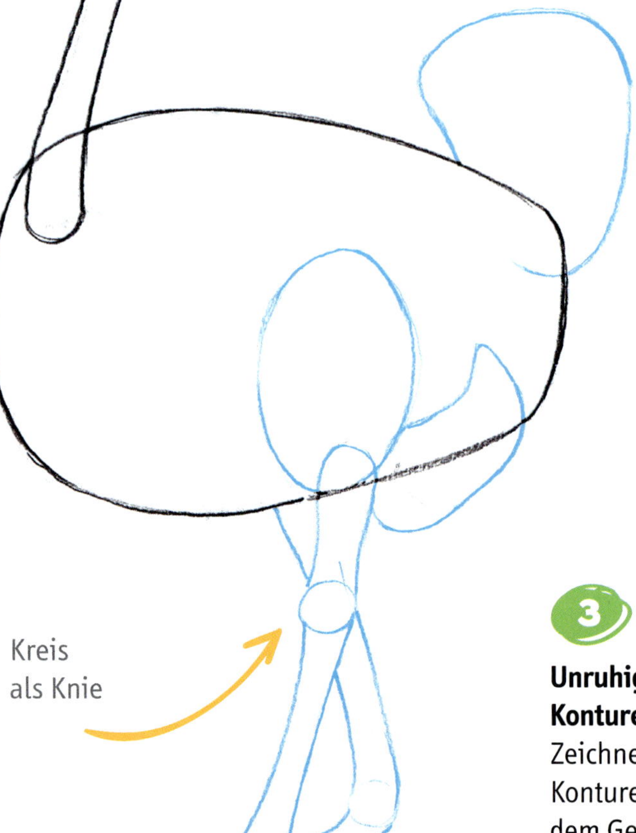

3 Unruhige Konturen
Zeichne die Konturen jetzt dem Gefieder entsprechend ganz wellig und zackig.

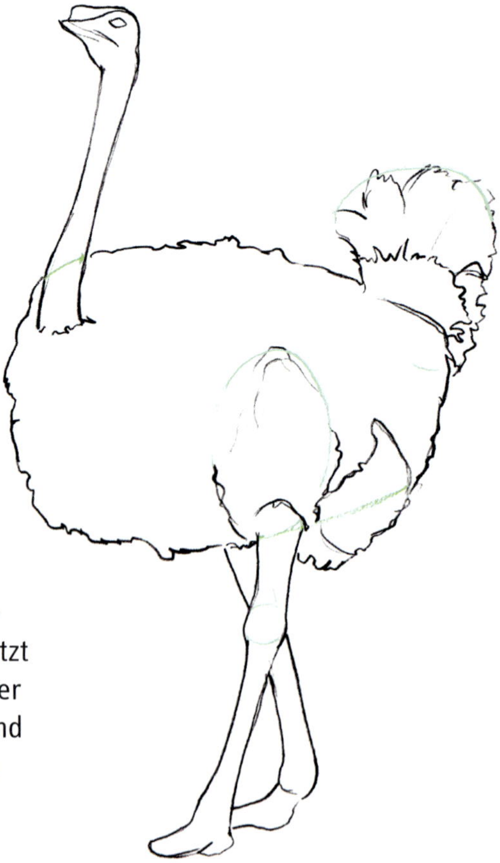

4

Kleiner Kopf, große Federn
Schnabel und Auge sind ganz kleine Details, während die dunklen Bereiche des Gefieders kräftig schraffiert werden können.

Das ist schon super!

5

Geschlossene Fläche
Mit weiteren dunklen Schraffuren werden die Flächen zwischen den schwarzen Bereichen geschlossen.

Für kleine Profis

6

Feine Fältchen
An den Beinen, am Hals und am Kopf des Straußes kannst du am Ende noch die feinen Falten und Poren einzeichnen und die schwarze Körperfläche verdichten.

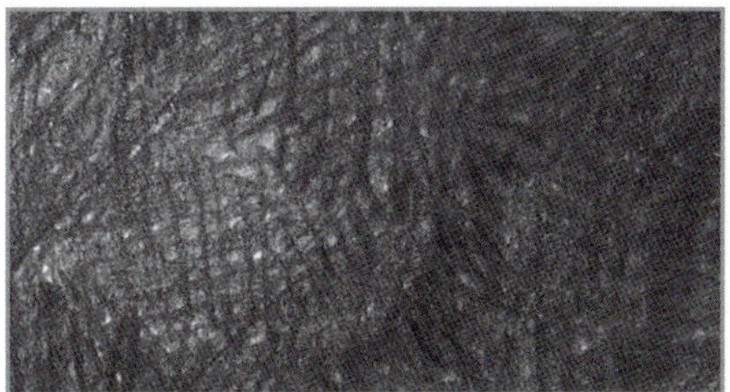

DICHTE SCHRAFFUREN
Das Gefieder des Straußes ist hauptsächlich schwarz. Hier siehst du, wie durch ganz dichte kräftige Schraffuren die dunkle Fläche entsteht.

SPATZ UND KOLIBRI

★★☆

Der Kolibri ist der kleinste Vogel der Welt. Unser heimischer Spatz ist aber auch kein Riese.

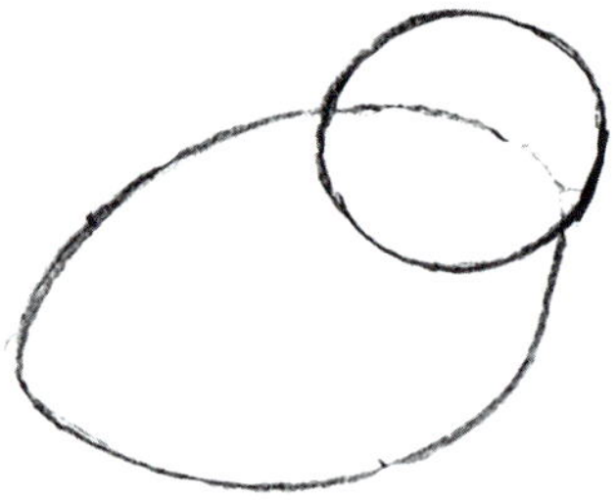

1 Kreis und Elipse
Fang mit einem kleinen, fast ganz runden Kreis für den Kopf und einer spitz zulaufenden Elipse für den Körper an.

2 Auf dem Ast
Unser Spatz sitzt auf einem Ast. Zeichne diesen zusammen mit Auge, Flügel, Schnabel und Schwanz ein.

Entferne die Hilfslinien.

3 Federn
Jetzt kannst du bereits die grobe Struktur der Federn an Flügel und Schwanz gestalten.

4 Bein und Schatten
Zeichne noch fein das sichtbare Bein dazu und lege die ersten Schattenbereiche dunkel an.

5 Feines Gefieder
Der feine Federflaum am Bauch und die helleren Bereiche an der Rinde des Astes verfeinern das Bild.

6 Letzte Akzente
Zeichne nun die letzten Schraffuren am Gefieder, am Schwanz und am Kopf des kleinen Vogels.

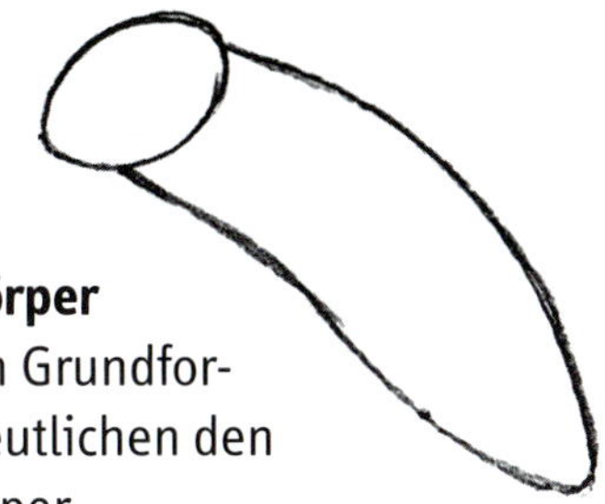

1

Dünner Körper
Die beiden Grundformen verdeutlichen den zarten Körper des Kolibris.

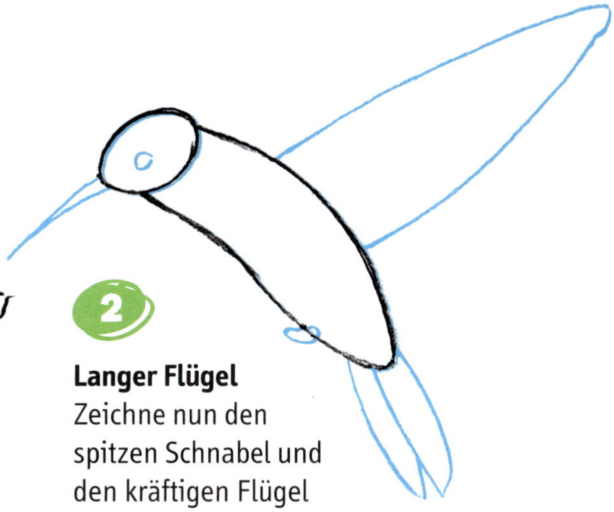

2

Langer Flügel
Zeichne nun den spitzen Schnabel und den kräftigen Flügel sowie Auge und Schwanz.

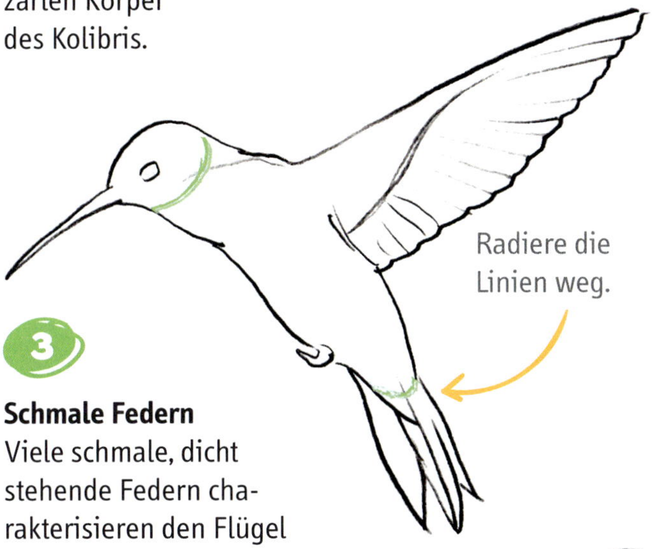

3

Schmale Federn
Viele schmale, dicht stehende Federn charakterisieren den Flügel und den Schwanz.

4

Wenig Schwarz
Nur wenige schmale schwarze Flächen genügen, um die dunklen Bereiche des Gefieders darzustellen.

5

Strahlen
Wie feine Strahlen verlaufen die helleren Schraffuren für die Federn des Flügels.

6

Strukturen
Zeichne noch feine Strukturen am Hals und am Körper, dann bist du fertig.

KLEINE KÜNSTLER
Daphne ist schon Expertin für Vögel, denn nach dem Papagei hat sie auch den kleinen Kolibri gezeichnet.

KIWI UND RABE

★☆☆ KIWI

★★☆ RABE

Der nachtaktive und flugunfähige Kiwi aus den Wäldern Neuseelands bildet einen tollen Kontrast zum Raben. Zeichnen wir die beiden als Abschluss zum Thema „Vögel“.

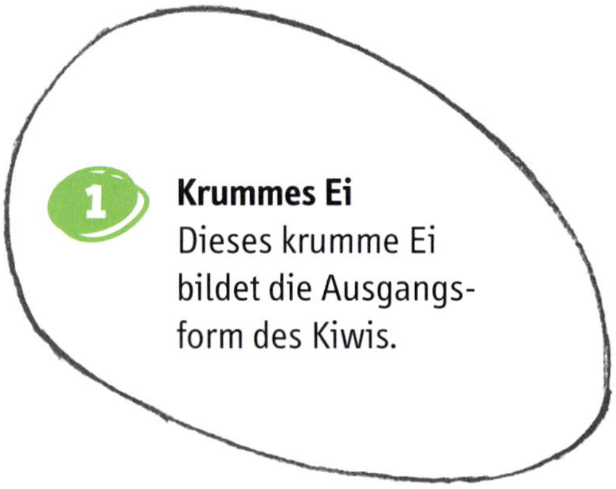

1 Krummes Ei
Dieses krumme Ei bildet die Ausgangsform des Kiwis.

2 Wenige Details
Zeichne den Schnabel, das Auge und die Beine wie hier abgebildet ein.

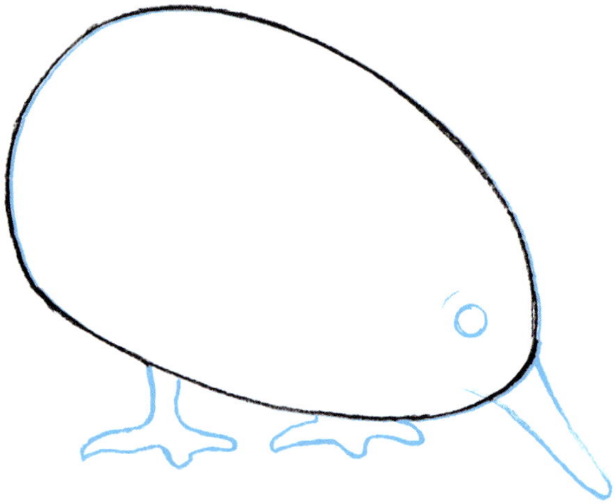

3 Typisches Gefieder
Zeichne nun die Kontur des Gefieders, welches fast wie eine Behaarung wirkt.

4 Gebogene Schraffuren
Mit Hilfe von Schraffuren, deren Linien leicht gebogen sind, kannst du das Gefieder auch im Inneren der ovalen Grundform zeichnen.

5 Boden
Zeichne am Ende auch noch etwas Boden unter die Füße sowie den Schnabel und zusätzliches Gefieder.

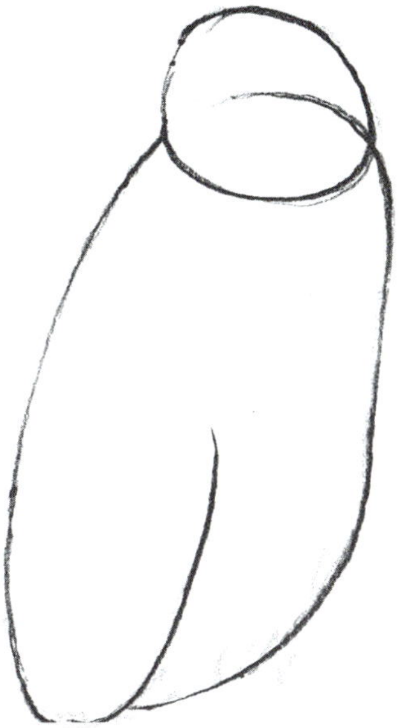

1

Typische Haltung
Um eine typische Körperhaltung des Raben zu bekommen, zeichne diese beiden Grundformen.

2

Körperdrehung
Da der Kopf gegenüber dem Körper gedreht ist, zeichne die weiteren Körperteile wie hier dargestellt ein.

Das ist schon super!

3

Große dunkle Flächen
Raben sind bekannt für ihr schwarzes Gefieder, weshalb der Körper mit vielen dunklen Schraffuren überzogen wird.

FLÜGEL IM DETAIL
Die Darstellung zeigt gut den Kontrast zwischen den großen dunklen Flächen und den wenigen hellen Akzenten.

Für kleine Profis

4

Lücken schließen
Fülle die wenigen helleren Bereiche mit nicht ganz so dunklen Schraffuren wie bei Schritt 3 und spare dabei wenige kleine Flächen am Schnabel und im Gefieder aus.

BIENE UND FLIEGE

★★☆

Die Biene ist eines der wichtigsten Tiere überhaupt. Mit der allgegenwärtigen Fliege bildet das summendeTraumpaar den Einstieg in das Kapitel „Insekten“.

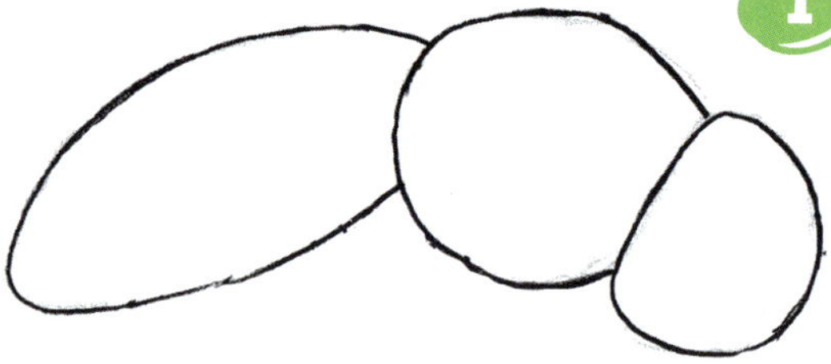

1 Dreierkette
Zeichne diese drei Formen in einer Reihe, dann hast du den Grundaufbau einer Biene.

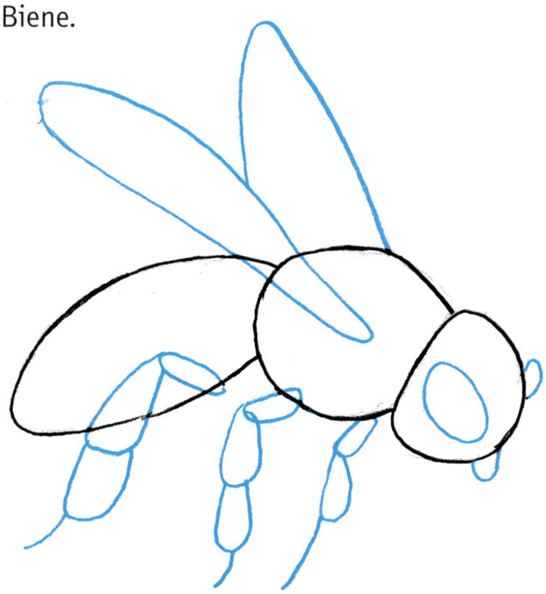

2 Gegliederte Beine
Im nächsten Schritt kommen die Flügel und die Augen hinzu, ebeso die Beine, welche in drei kleine Teile gegliedert sind.

3 Körper
Radiere die Hilfslinien weg und zeichne die typischen Ringe am Körper.

Das ist schon super!

4 Dunkle Schraffuren
Jetzt kannst du die dunklen Bereiche schraffieren und die feinen Strukturen in den Flügeln anlegen.

Mini-Härchen

Für kleine Profis

5 Winzige Härchen
Mit winzigen feinen und helleren Schraffuren werden am Ende noch die Mini-Härchen an Kopf und Körper gezeichnet.

1 Auffallende Augen
Im Gegensatz zur Biene sind hier die großen Augen im Grundaufbau bereits berücksichtigt.

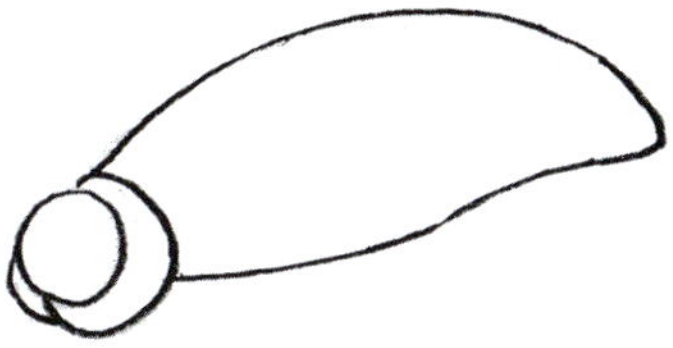

2 Filigrane Beine
Die Flügel kommen hinzu, ebenso die filigranen Beine.

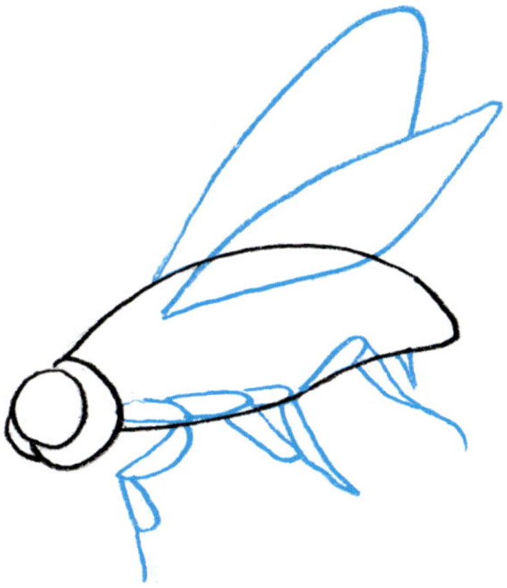

3 Wenig Hilfslinien
Nur eine Hilfslinie stört später und kann wegradiert werden.

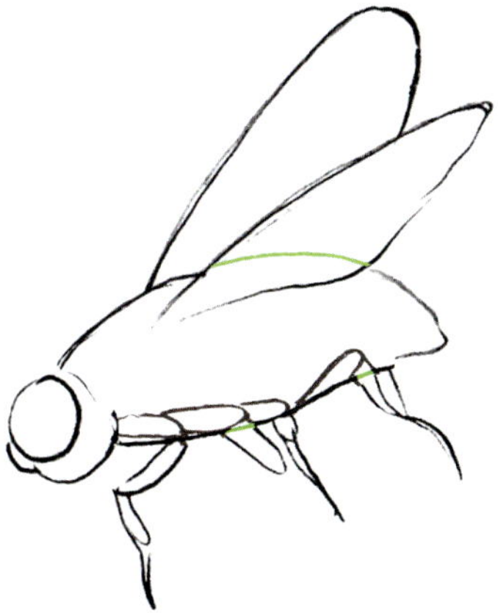

4 Glanzpunkt
Die dunklen Bereiche werden nun schraffiert und die feinen Linien in den Flügeln eingezeichnet. Wichtig: Ein Glanzpunkt im Auge muss weiß bleiben.

5 Letzte Details
Zeichne noch ein paar Härchen am Körper und verfeinere die Details in den Flügeln, dann ist die Fliege fertig.

Feine spitze Enden an den Füßen

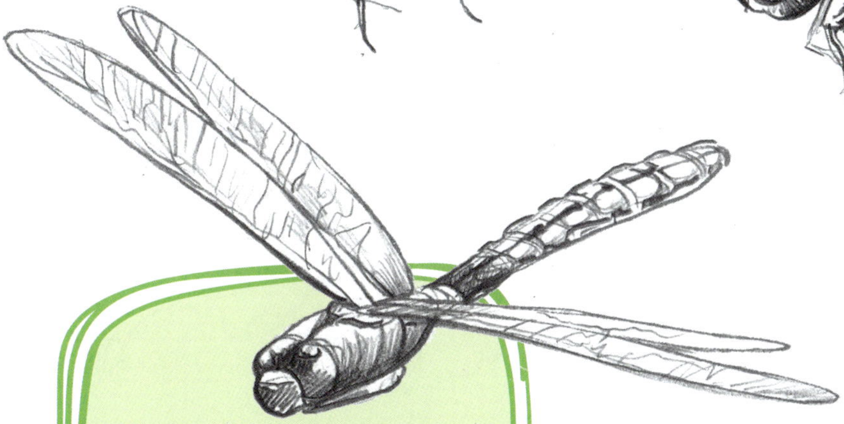

INSEKTEN-VARIANTEN
Der Körperaufbau bei Insekten wie Wespen, Hummeln oder Libellen, ist ganz ähnlich wie bei der Biene oder der Fliege. Probier also auch ähnliche Tiere wie z. B. die Libelle.

SCHMETTERLINGE

★★☆ SCHMETTERLING RECHTS

★★★ SCHMETTERLING LINKS

Schmetterlinge sind ein tolles Motiv beim Malen. Je nach Art haben sie unterschiedliche Muster auf den Flügeln.

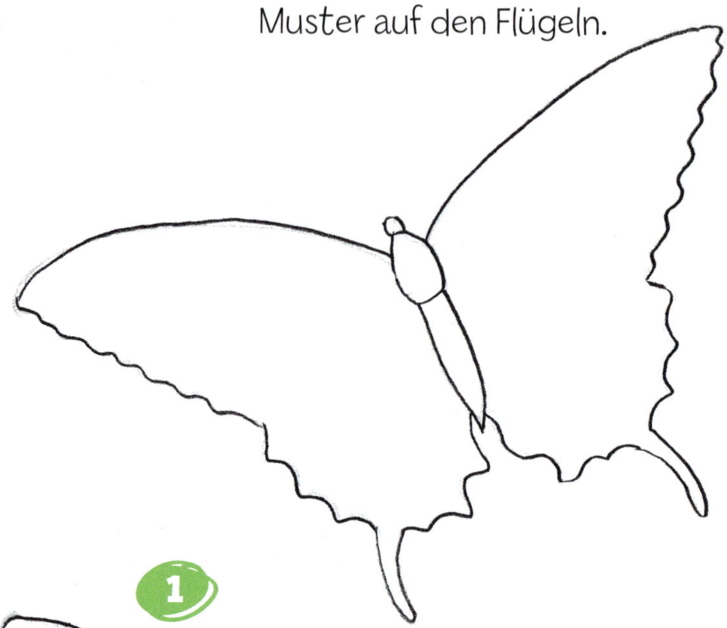

1

Unterschiedlicher Ansatz
Der zeichnerische Aufbau des Schmetterlings links ist etwas schwieriger. Versuche ihn dennoch nachzuzeichnen oder abzupausen. Beim Schmetterling rechts kommt es darauf an, dass die beiden Flügel genau gleich, nur eben gespiegelt sind.

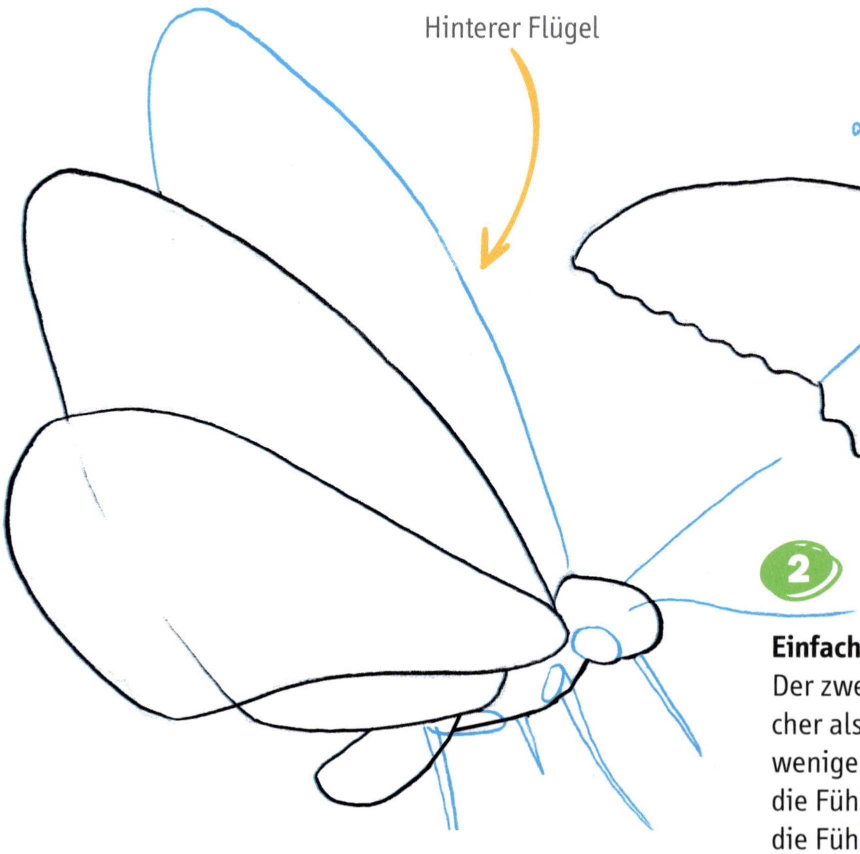

2

Einfache Fortsetzung
Der zweite Schritt ist dann wesentlich einfacher als der erste, denn es kommen nur noch wenige Elemente hinzu wie links die Beine, die Fühler und der hintere Flügel und rechts die Fühler und die Unterteilung der Flügel.

Das ist schon super!

3 Verschiedene Muster

Jeder Schmetterling sieht anders aus, so auch diese beiden, links der Perlmuttfalter und rechts der Schwalbenschwanz. Zeichne links das Muster mit unterschiedlich großen Flächen ein und rechts mit feinen Linien und Strukturen.

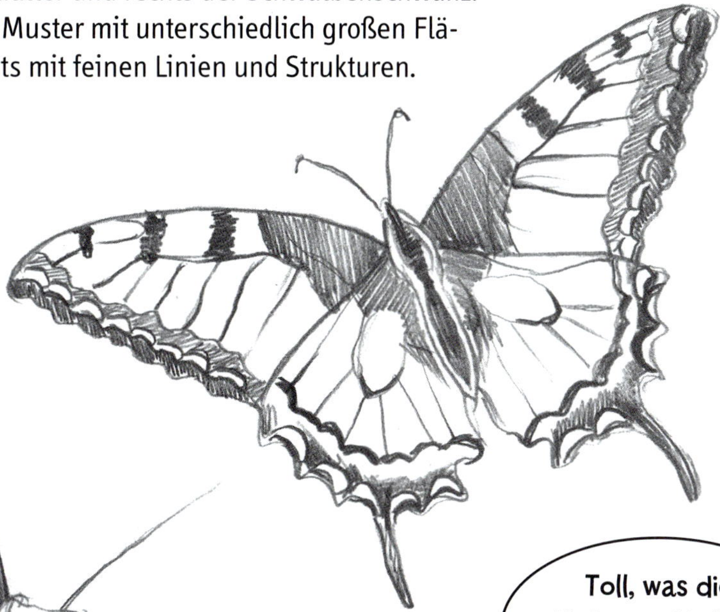

Feine Schraffuren

Für kleine Profis

4 Feines Hell-Dunkel

Am Ende werden mit feinen Schraffuren noch die helleren Bereiche in den Flügeln und am Körper abgestuft.

KRABBELIGES

★☆☆ RAUPE

★★☆ AMEISE UND KÄFER

Mit dem Maikäfer, der Ameise und der Raupe des Tabakschwärmers wird es richtig krabbelig auf dieser Seite. Und auch der Schwierigkeitsgrad ist ganz unterschiedlich. Welches Insekt zeichnest du als erstes?

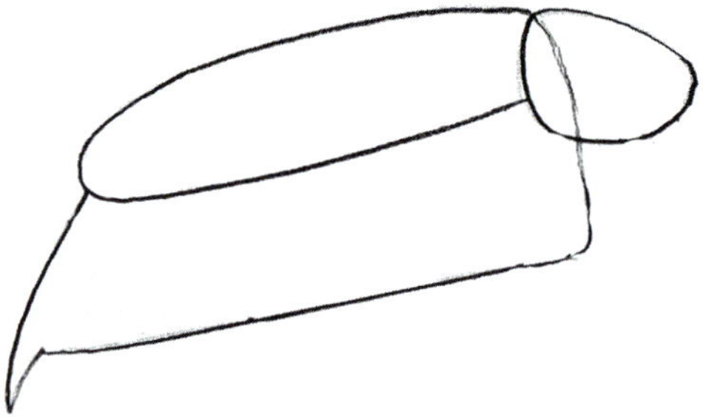

1 Größenverhältnisse
Die ersten Formen sind nicht schwer, achte aber auf die richtigen Größenverhältnisse.

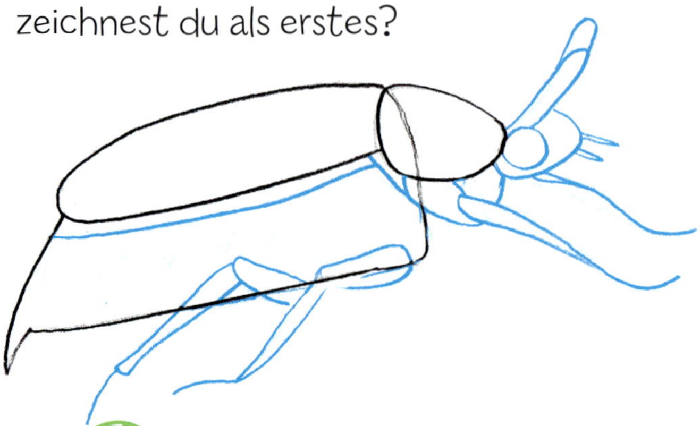

2 Feine Gliedmaßen
Wie bei anderen Insekten, sind auch hier die Beine und Fühler sehr filigran. Achte auch auf die richte Position und Länge.

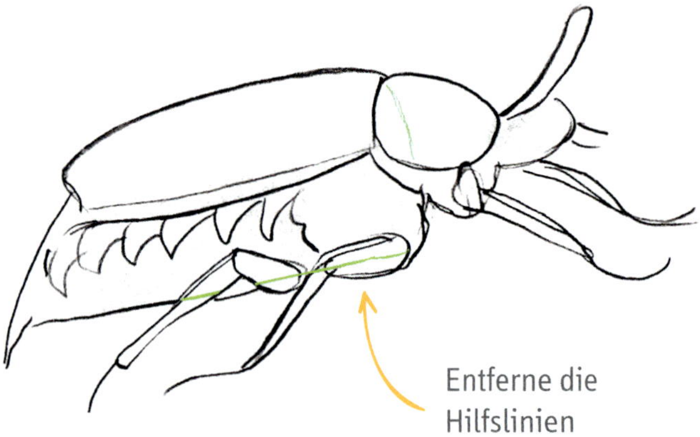

3 Zackenlinie
Typisch für den Maikäfer ist die gezackte Fläche unterhalb der Flügel, welche jetzt eingezeichnet wird.

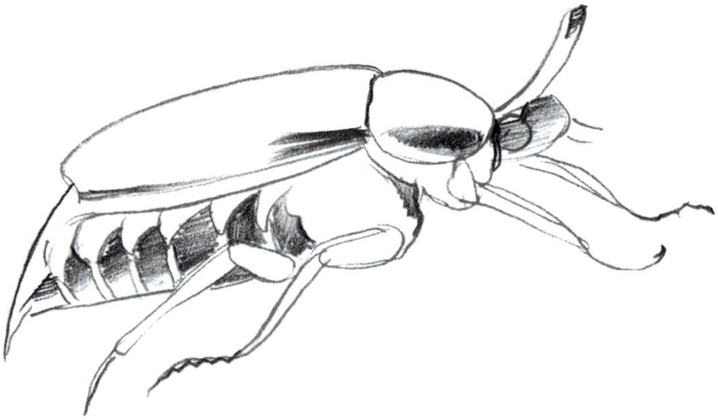

4 Gemusterter Körper
Mit dunklen Schraffuren kannst du nun das Muster am Körper weiter ausarbeiten und Teile der Flügel und des Kopfes gestalten.

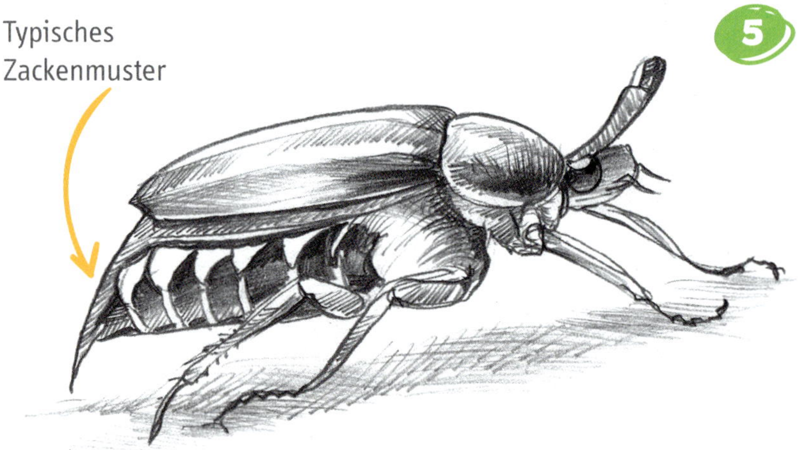

5 Volumen
Mit feinen Schraffuren kannst du am Ende die rundlichen Formen an den Flügeln und am Kopf herausarbeiten.

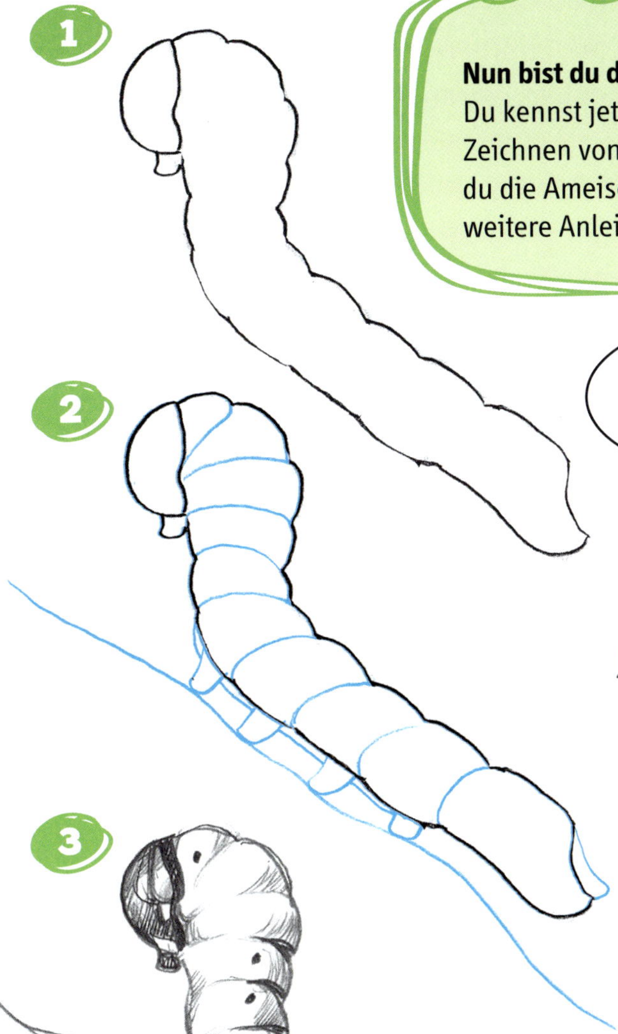

Nun bist du dran
Du kennst jetzt die Abläufe beim Zeichnen von Insekten. Bekommst du die Ameise und die Raupe ohne weitere Anleitungen hin?

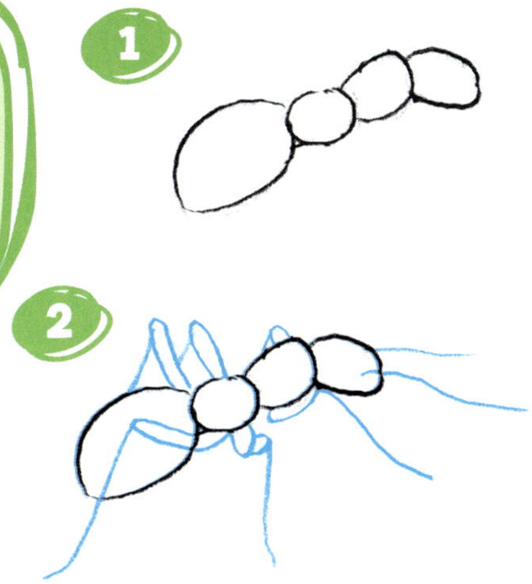

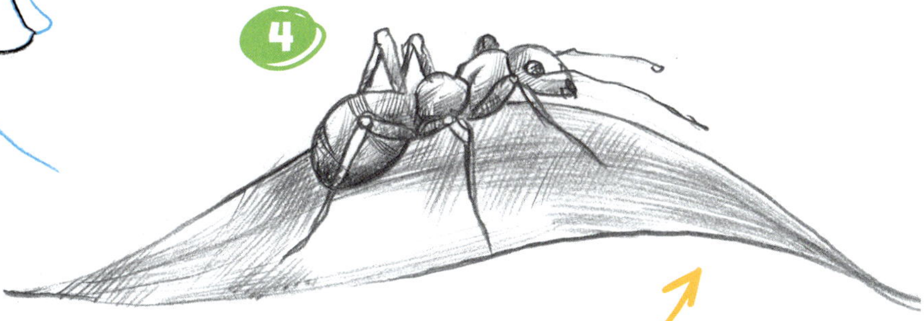

Geschwungenes Blatt

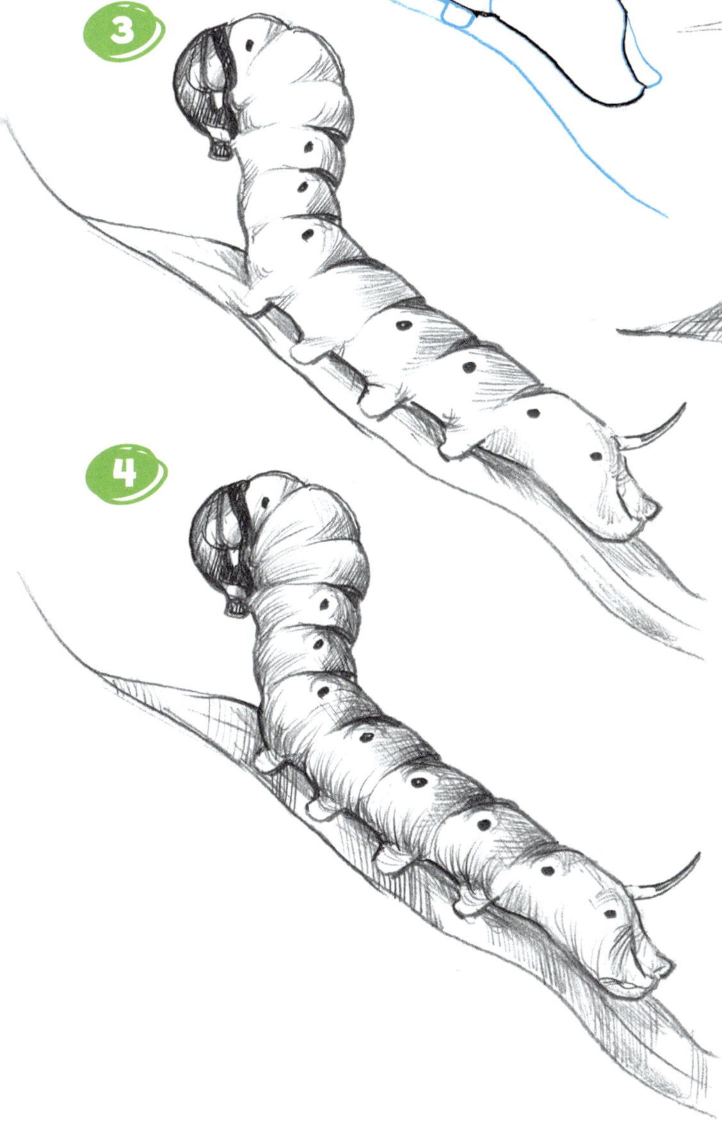

KLEINE KÜNSTLER
Daphne hat sich an der Ameise versucht. Die ist wirklich sehr gut geworden.

HAMSTER

★★☆

Kommen wir jetzt zu einer Tiergruppe, die jeder von euch kennt. Mit dem Hamster zeichnen wir gleich eines der beliebtesten Haustiere aus der Tiergattung der Nagetiere.

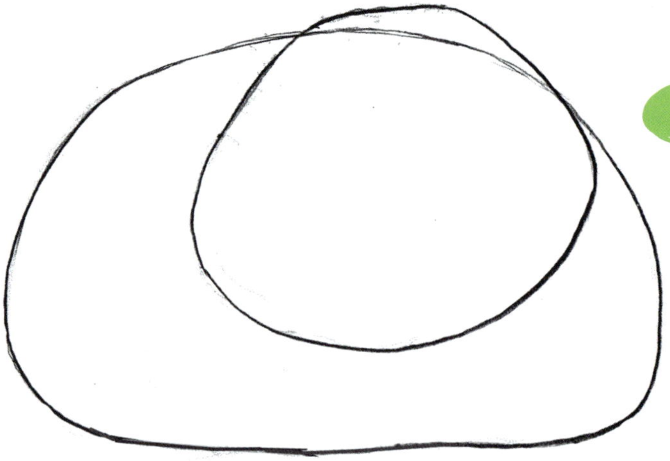

1 Fließende Übergänge
Im Gegensatz zu den klar abgegrenzten Körperteilen bei Insekten, gehen die Formen bei den kleinen Nagetieren ineinander über, weshalb die beiden Ausgangsformen eher etwas unförmig erscheinen.

2 Kurze Beinchen
Im zweiten Schritt erkennt man den Hamster gleich viel besser, wenn mit den kurzen Beinchen, dem Gesicht und den Ohren weitere typische Merkmale hinzukommen.

3 Unregelmäßige Kontur
Ein paar Hilfslinien muss du eventuell wegradieren. Dann zeichnest du die Kontur wie bei anderen Fell-Tieren etwas unregelmäßiger und aufgebrochener.

Kräftige Schraffuren in Fellrichtung

4 **Mit dem Strich**

Achte darauf, dass die dunklen Schraffuren in Fellrichtung verlaufen, d. h. die einzelnen Schraffur-Linien den Härchen des Fells entsprechend angeordnet sind. Zeichne auch die Augen mit weißen Glanzpunkten.

5 **Großflächige Schraffuren**

Mit breit angelegten helleren Schraffuren kannst du jetzt die dunklen Flächen mit einigen weißen Flächen verbinden. Ein paar Flächen bleiben aber weiß.

STEHENDE VARIANTE

Süß, wenn sich so ein Hamster aufrichtet! Probier auch mal einen Hamster in dieser Pose zu zeichnen.

6 **Kreuzschraffuren**

Verfeinere die Arbeit von Schritt 5 indem du einge weitere, teils gegenläufige Schraffuren machst (Kreuzschraffuren). Füge auch noch die Barthärchen hinzu.

EICHHÖRNCHEN UND MAUS

★★☆

Viele Nagetiere leben auch in der freien Natur, wie z. B. das Eichhörnchen oder die kleine Feldmaus. Auf dieser Doppelseite siehst du die flinken Tierchen, die beide Nüsse lieben.

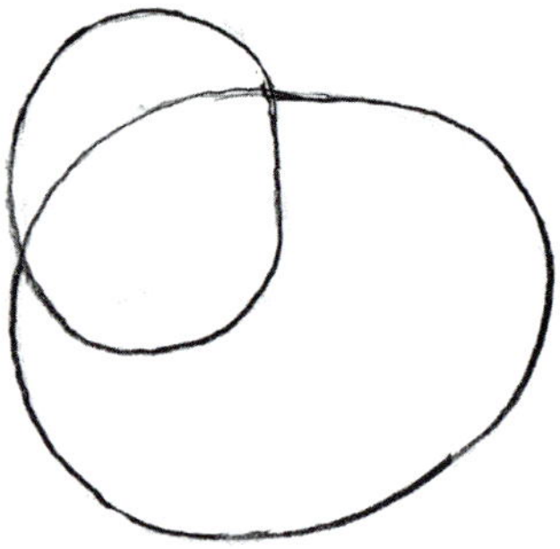

1

Zwei Ovale
Die ersten Formen beim Zeichnen in der Ansicht von vorne sind diese beiden einfachen Ovale.

2

Perspektive
Achte in Schritt zwei darauf, die weiteren Körperteile in der richtigen Perspektive (Ansicht) und Größe, wie abgebildet, zu zeichnen.

3

Buschiger Schwanz
Zeichne die Details an den Füßen und im Gesicht und arbeite die Kontur, besonders am buschigen Schwanz, aus.

Augen mit Glanzpunkten

4

Licht und Schatten
Zeichne die Schattenbereiche dunkel (hintere Beine) und lege Teile des Fells hell an.

5

Barthärchen
Führe die Arbeit von Schritt 4 weiter und zeichne am Ende noch die Barthärchen.

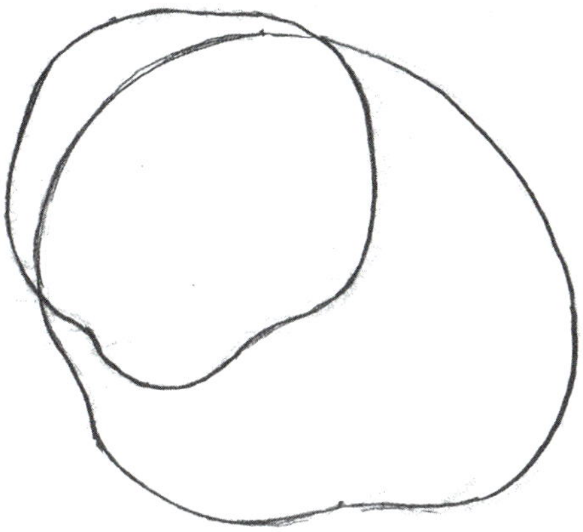

1

Krumm
Mit diese beiden krummen Formen fängt man an, die Feldmaus zu zeichnen.

2

Große Nuss
Zeichne die kleinen Details hinzu, ebenso die im Verhältnis zum Körper große Nuss.

3

Zackige Kontur
Die Überarbeitung der Kontur dem Fell entsprechend kennst du bereits. Radiere davor noch die Hilfslinien weg.

4

Mini-Glanzpunkt
Beim Zeichnen der schwarzen Bereiche bleibt ein winziger Glanzpunkt in den Augen weiß.

5

Feines Fell
Hellere Schraffuren beschreiben das Fell und die Struktur der Nuss.

6

Weiches Fell
Die Schraffur-Arbeiten werden fortgestezt, bis das Fell und die Barthärchen fertig sind.

MEERSCHWEINCHEN

★☆☆

Neben Hamstern sind Meerschweinchen sicher die beliebtesten Nage- und Haustiere. Also viel Spaß beim Zeichnen dieser süßen Tierchen!

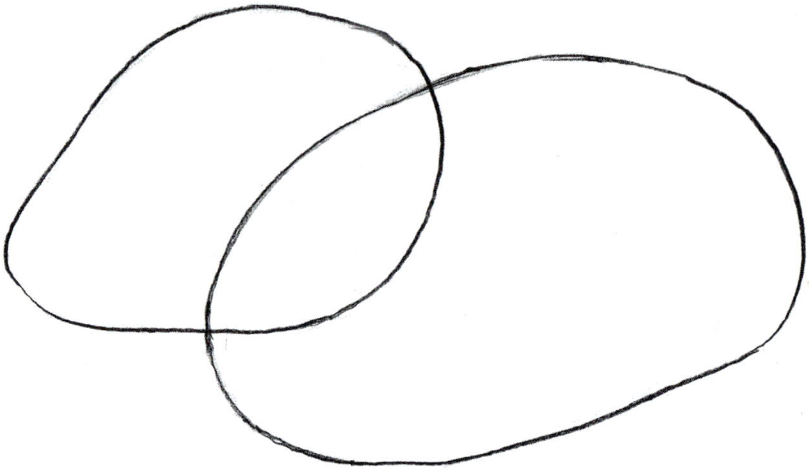

1

Wichtige Krümmungen
Diese beiden Formen sind einfach zu zeichnen. Achte dabei jedoch auf den genauen Verlauf der Konturen, z. B. dass die Schnauze etwas spitz zuläuft.

2

Drei Füße sichtbar
Zeichne die kleinen Füße, das Auge, die Nase und die Ohren an die jeweils eingezeichnete Stelle. Ein Füßchen bleibt durch die Ansicht schräg von vorne verdeckt.

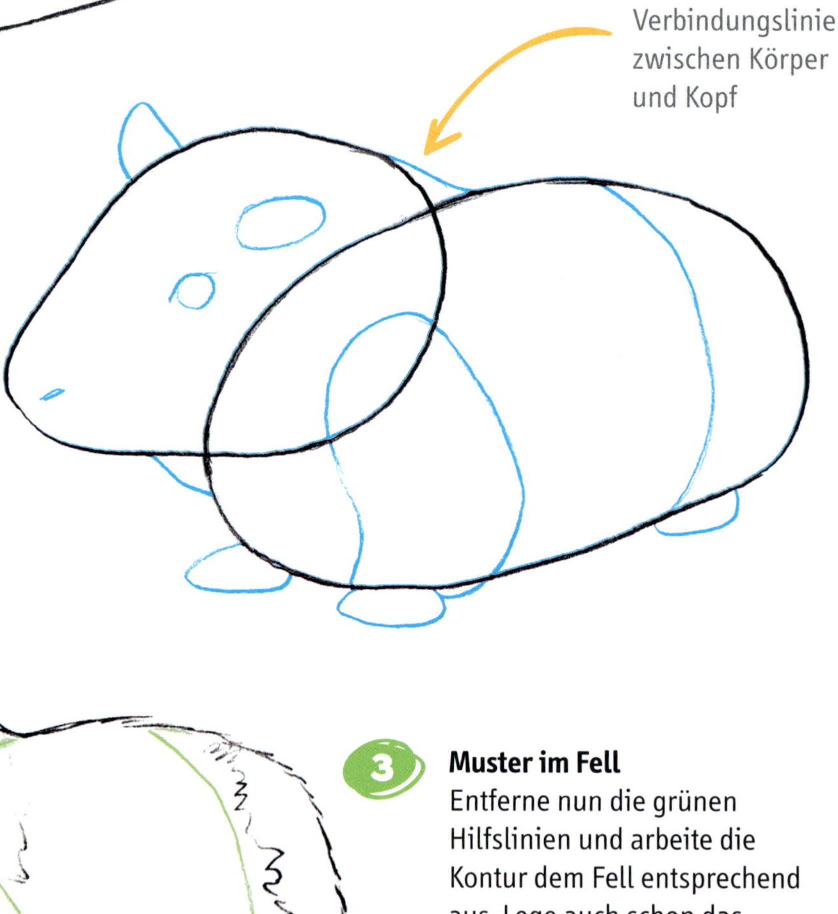

3

Muster im Fell
Entferne nun die grünen Hilfslinien und arbeite die Kontur dem Fell entsprechend aus. Lege auch schon das typische Fellmuster mit ersten Linien an und zeichne die Zehen ein.

4 **Kräftige Schraffuren**
Wie bereits beim Hamster verdeutlichen erste kräftige dunkle Schraffuren in Strichrichtung das typische Fell des Meerschweinchens.

5 **Hellgraue Schraffuren**
Verbinde jetzt die schwarzen Schraffuren mittels heller abgestufter großflächiger Schraffuren mit den noch weißen Flächen im Körper.

6 **Akzente**
Arbeite diese Schraffuren noch weiter aus und setzt am Ende ein paar Akzente, z. B. durch wenige kurze kräftige Striche im Fell.

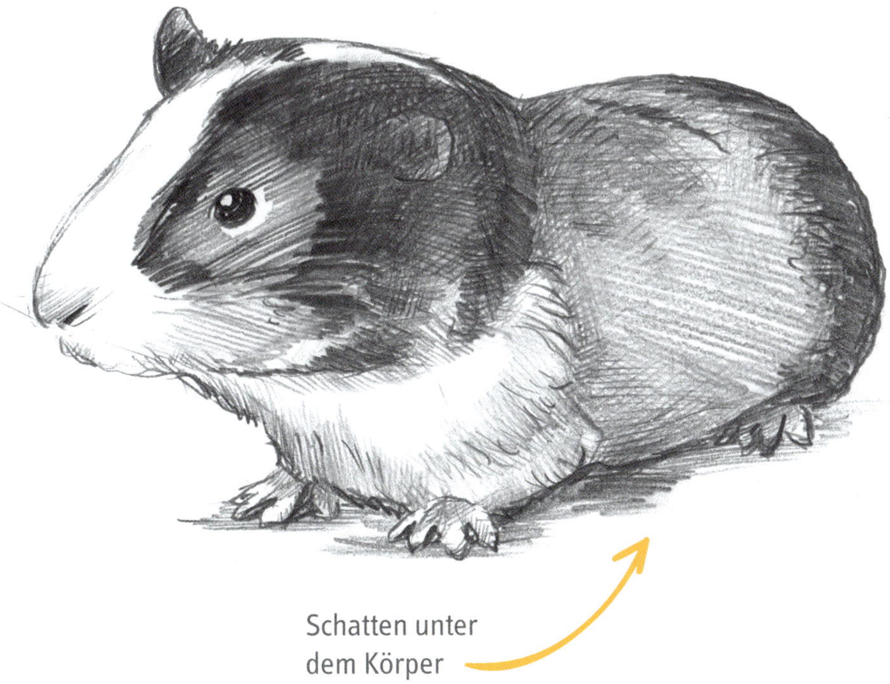

Schatten unter dem Körper

Verkleinerte Ansicht

KLEINE KÜNSTLER
Daphne hat ebenfalls ein Meerschweinchen gezeichnet und das ist wirklich nett geworden.

DELFINE IM SPRUNG

Jetzt geht die Reise in die Tiefen der Weltmeere. Dort erkunden wir kleine und große Meerestiere und natürlich versuchen wir, diese so schön wie möglich zu zeichnen.

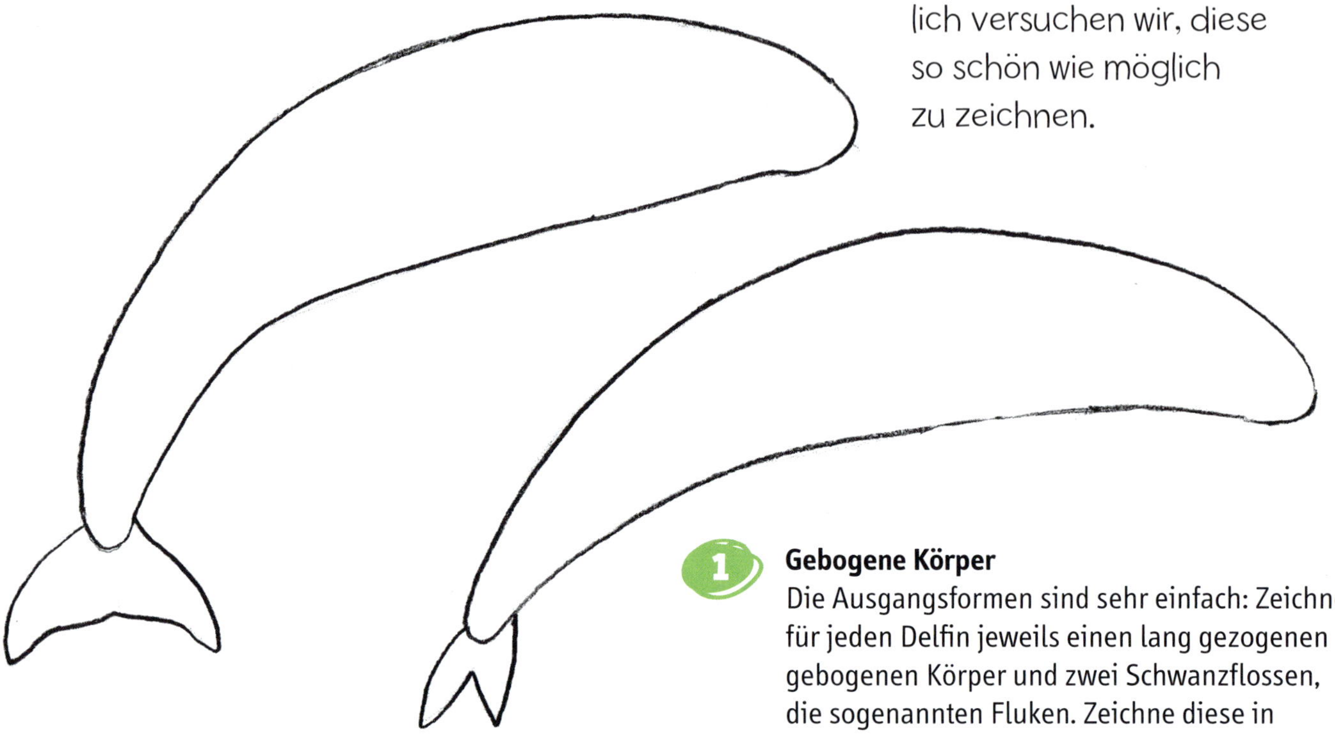

1 Gebogene Körper
Die Ausgangsformen sind sehr einfach: Zeichne für jeden Delfin jeweils einen lang gezogenen gebogenen Körper und zwei Schwanzflossen, die sogenannten Fluken. Zeichne diese in etwas unterschiedlicher Perspektive.

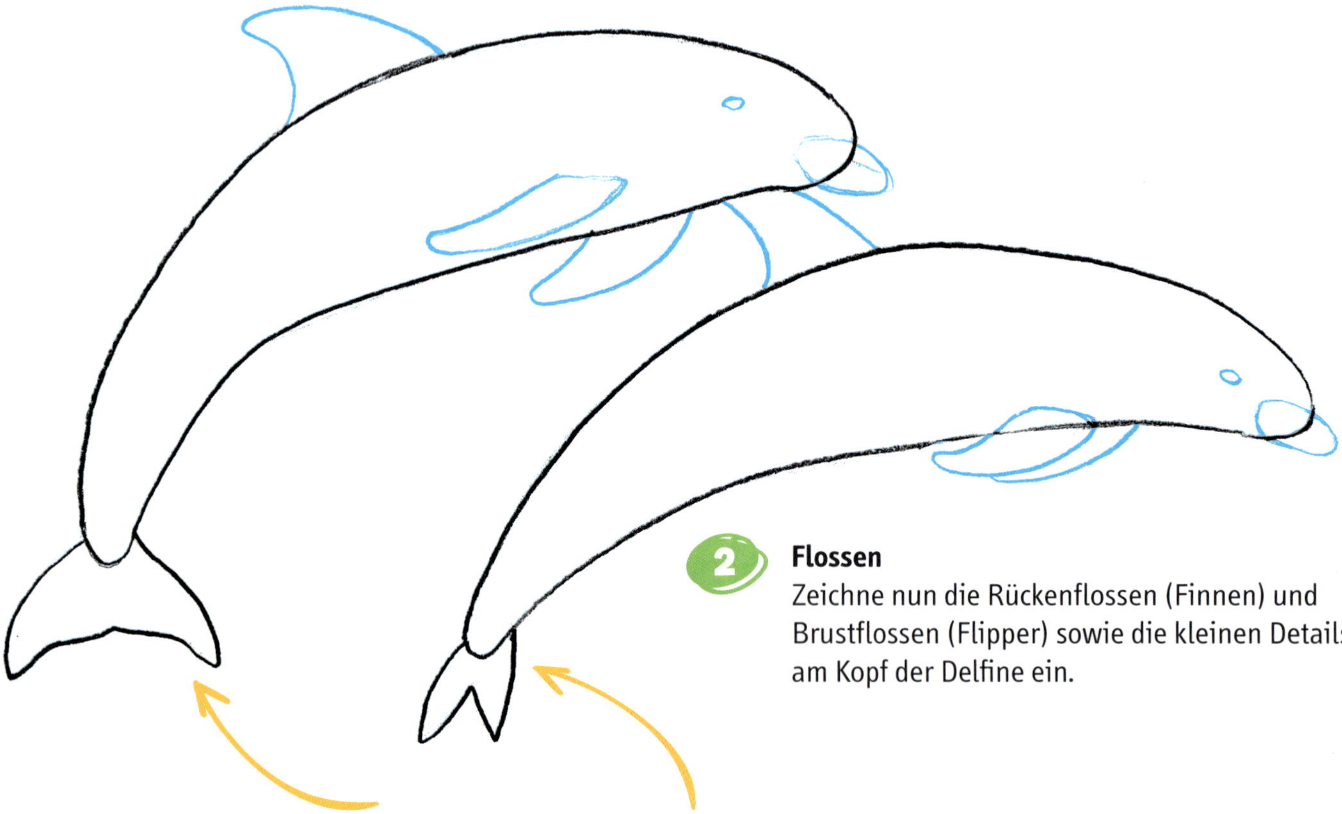

2 Flossen
Zeichne nun die Rückenflossen (Finnen) und Brustflossen (Flipper) sowie die kleinen Details am Kopf der Delfine ein.

Unterschiedliche Perspektiven

3 Fluke und Finne

Gestalte nun mit dunklen Schraffuren die Fluken und Finnen der beiden Tiere. Zeichne auch die schmalen Münder in die Gesichter sowie die Augen ein.

Bis zu sieben Meter können Delfine aus dem Wasser springen!

Ganz helle Schraffuren

4 Glänzende Haut

Das Wasser lässt die Haut der Delfine glänzen. Zeichnerisch löst man das dadurch, dass einige Bereiche auf den Körpern weiß bleiben, andere fein schraffiert werden.

DETAILANSICHT

Im Detail sieht man das kleine Auge des Delfins und den Mund, der immer ein wenig zu lächeln scheint.

POTTWAL

★★☆

Pottwale können bis zu 1.000 m tief tauchen und ernähren sich überwiegend von Tintenfisch. Als Zeichenmotiv eignen sich die Riesen der Meere durch ihre klare Grundform sehr gut.

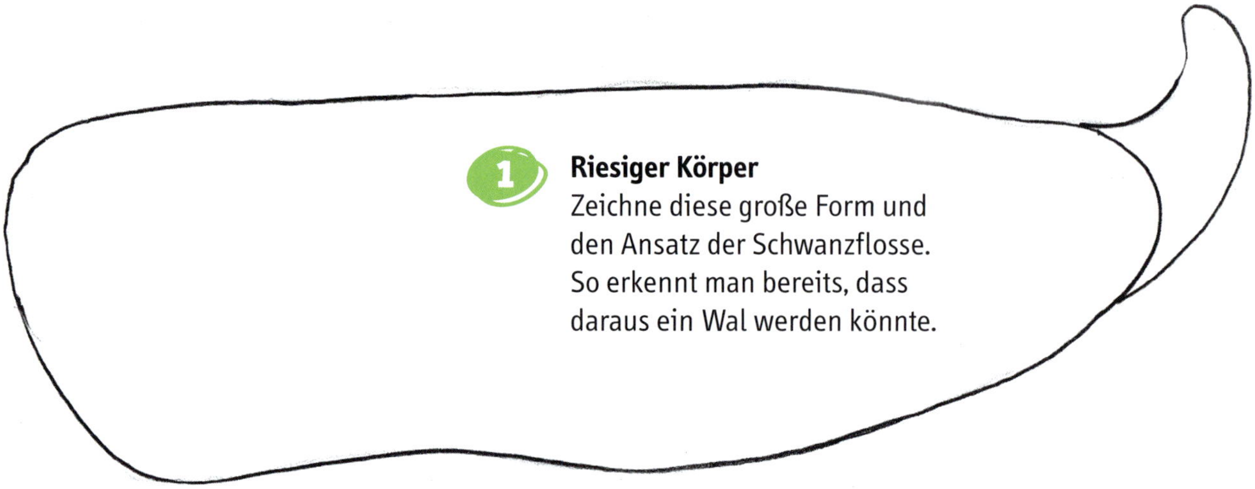

1 Riesiger Körper
Zeichne diese große Form und den Ansatz der Schwanzflosse. So erkennt man bereits, dass daraus ein Wal werden könnte.

2 Großes Maul, kleines Auge
Auch die weiteren Details wie Maul, Auge und Flossen sind schnell eingezeichnet.

3 Unebenheiten am Rücken
Radiere die Hilfslinien aus und verfeinere die Konturen. Auffallend ist, dass der Rücken des Wals leichte Höcker aufweist.

4 **Ungleichmäßige Flächen**
Der erwachsene Wal hat nicht so eine gleichmäßige Haut wie ein Delfin. Die gröberen Schraffuren verdeutlichen dies. Zeichne auch die lange Reihe an Zähnen.

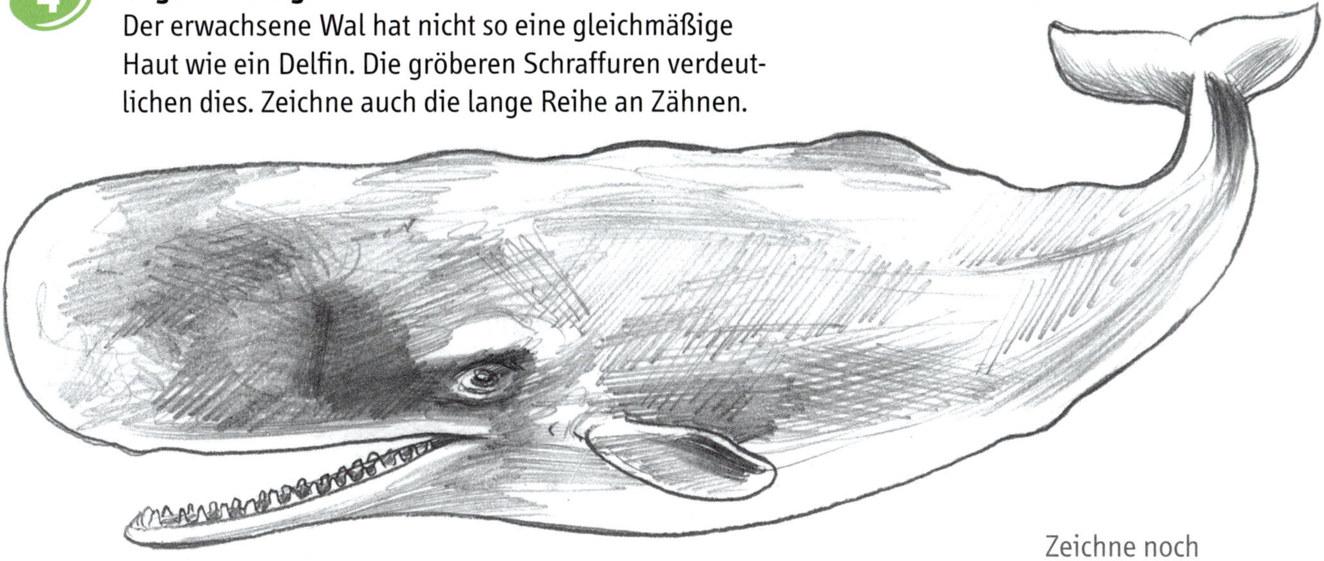

Zeichne noch etwas Wasser dazu.

5 **Markantes Auge**
Das Auge des Pottwals ist klein und sehr tief am Kopf positioniert. Arbeite besonders in diesem Bereich des Körpers die Schraffuren gut aus.

Buckelwal

SCHWIERIGERE PERSPEKTIVE
Wer den Pottwal hinbekommen hat, der wagt sich vielleicht auch an diese Variante, die perspektivisch etwas anspruchsvoller ist.

TINTENFISCH

★★★

Tintenfische gehören mit ihren Tentakeln, ihrer Fähigkeit, die Farbe zu wechseln und Tinte zu spritzen sowie ihren Saugnäpfen sicher zu den spektakulärsten Tieren der Meere.

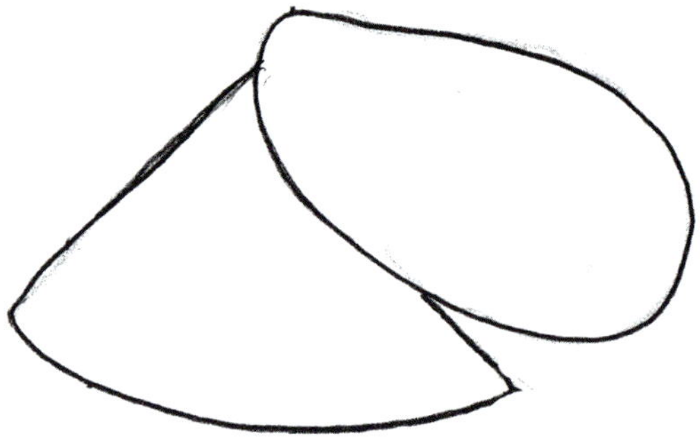

1 Dreieck und Oval
Diese beiden einfachen Formen bekommt jeder von euch hin. Sie zeigen den Kopf und den Körper.

2 Acht Tentakel
Ein Tintenfisch hat acht Tentakel, wobei je nach Ansicht nicht immer alle sichtbar sind. Versuche sie entsprechend dieser Vorlage anzuordnen.

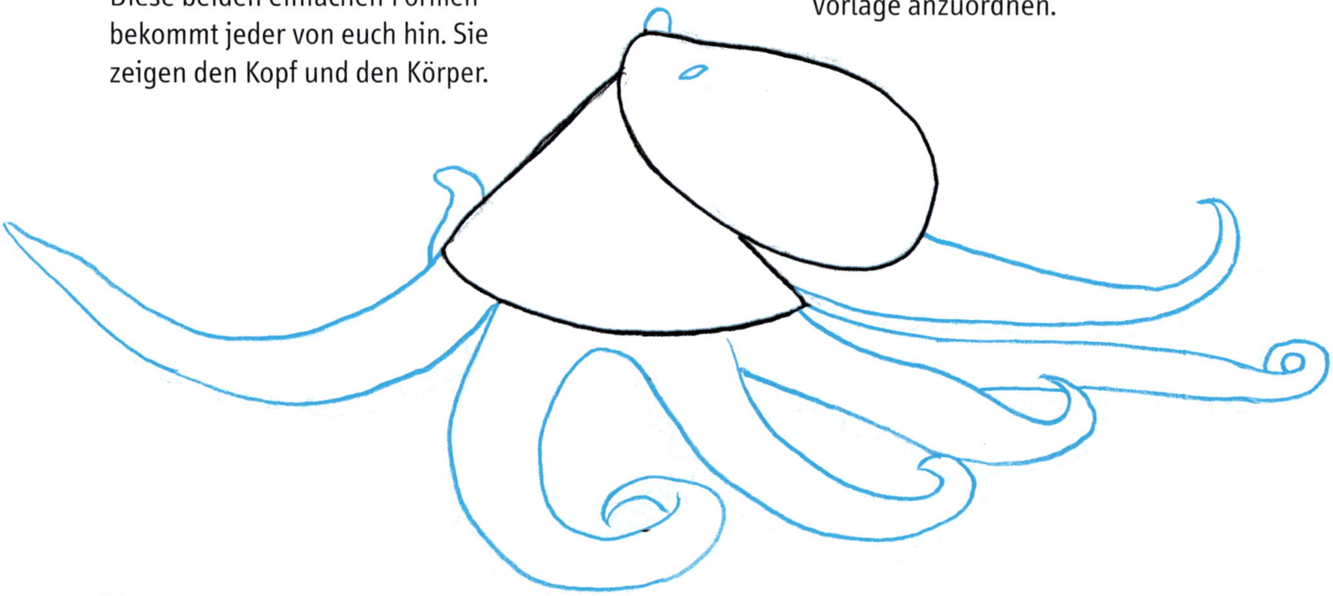

3 Saugnäpfe
Sie sind ein ganz charakteristisches Merkmal. Zeichne sie als Reihen an die Tentakel und der Vorlage entsprechend dran.

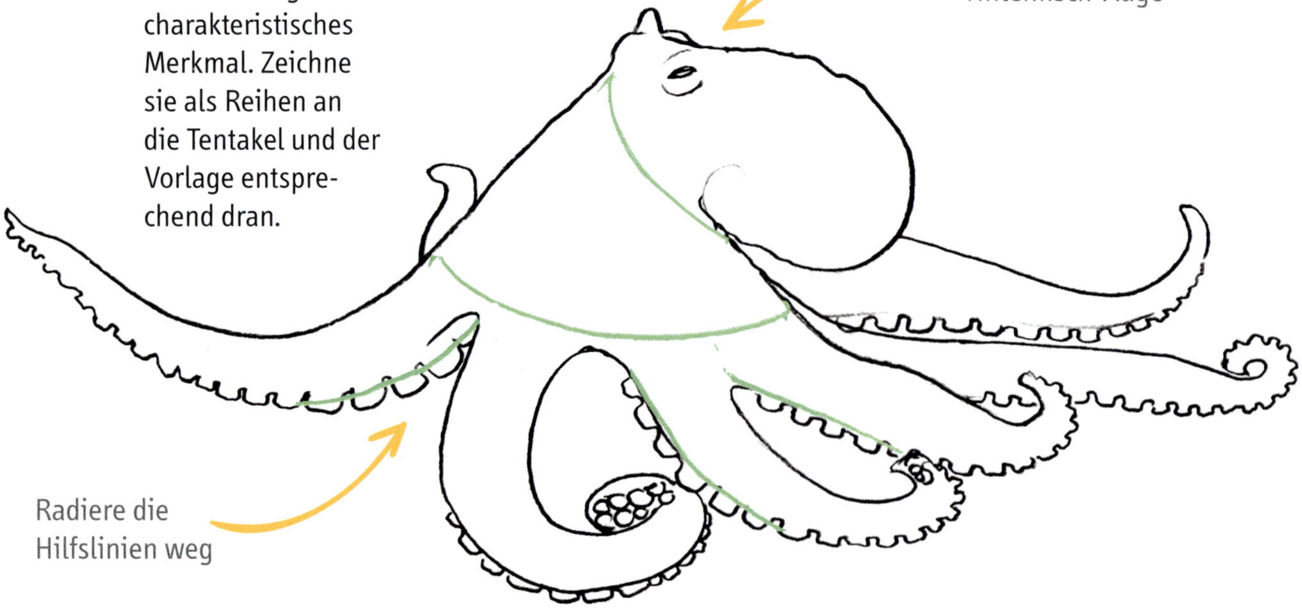

Typisches Tintenfisch-Auge

Radiere die Hilfslinien weg

4 Viele kleine Schatten
Nach den Saugnäpfen kommt jetzt eine weitere Fleißarbeit, denn jeder Tentakel, und jeder Saugnapf braucht auch seinen dunklen Schatten.

Das ist schon super!

Großer Schattenbereich

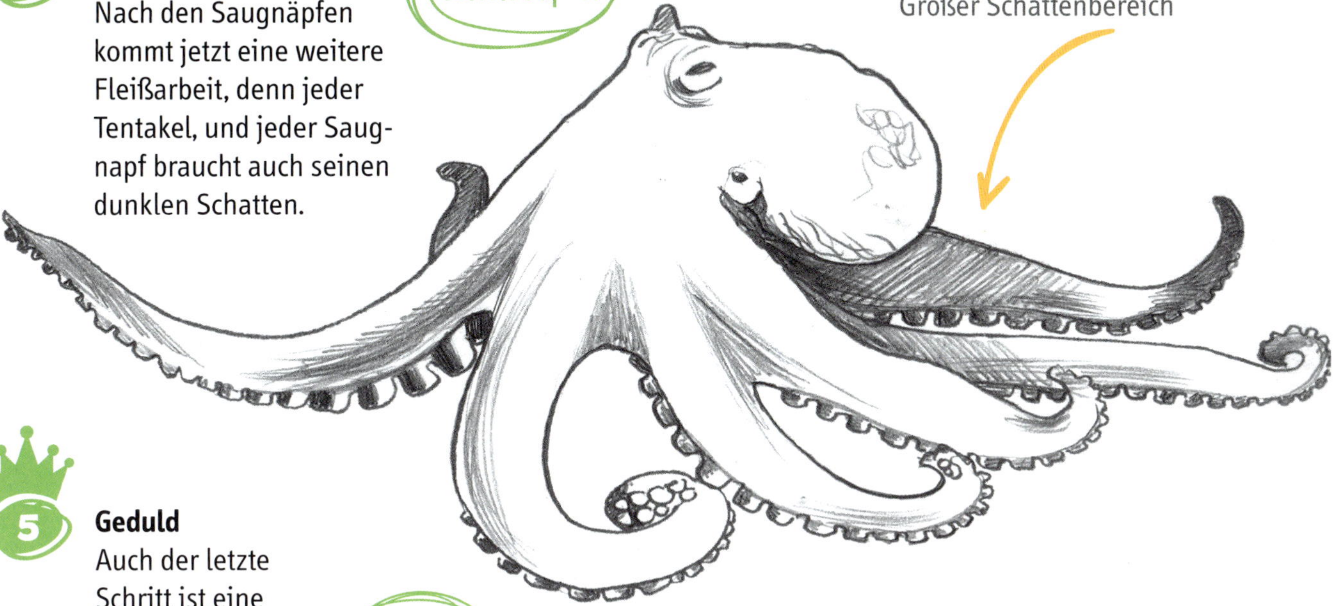

5 Geduld
Auch der letzte Schritt ist eine Fleißarbeit, denn die vielen Schatten müssen jetzt noch mit helleren und feineren Schraffuren ausgearbeitet werden.

Für kleine Profis

Blubberbläschen runden das Bild ab.

Wichtig ist es, noch etwas Meeresboden unter den Körper zu zeichnen.

DETAILANSICHT
Das Detail veranschaulicht sehr gut die verschiedenen Hautoberflächen und anatomischen Besonderheiten wie z. B. die Saugnäpfe an den Tentakeln.

MUSCHELN, SEESTERNE & CO.

★☆☆

Muscheln, Schnecken und Seesterne gehören zu den kleineren Bewohnern der Meere. Als Zeichenmotive sind sie durch ihre klaren und schönen Formen natürlich super geeignet.

Band-Schnecke

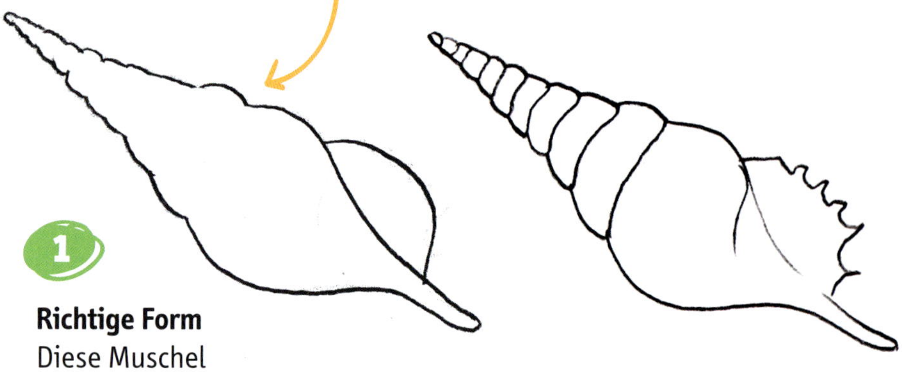

1

Richtige Form
Diese Muschel und Schnecke erkennt man bereits, wenn man nur die Ausgangsformen zeichnet.

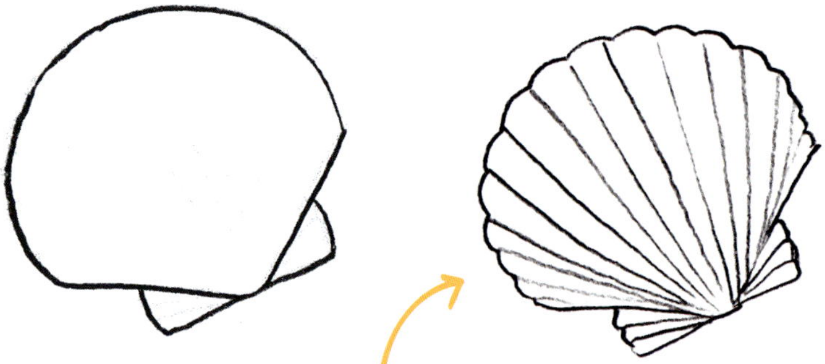

Jakobsmuschel

2

Strahlen und Windungen
Im zweiten Schritt kommen die typischen Strukturen der Schalen hinzu.

3

Erste Schraffuren
Bereits wenige Schraffuren reichen, und die beiden Tiere wirken dreidimensional.

4

Muster
Weitere Schraffuren zeigen die Muster der jeweiligen Gehäuse.

5

Finish
Verfeinere die Muster, bis Schnecke und Muschel so aussehen, wie sie dir gefallen.

Wellenförmige Oberkante

1 **Zwei Sterne**
Zeichne diese beiden Sterne als Grundformen.

2 **Mittelachsen**
Zeichne dann den Mittelpunkt und die Mittelachse der „Arme“.

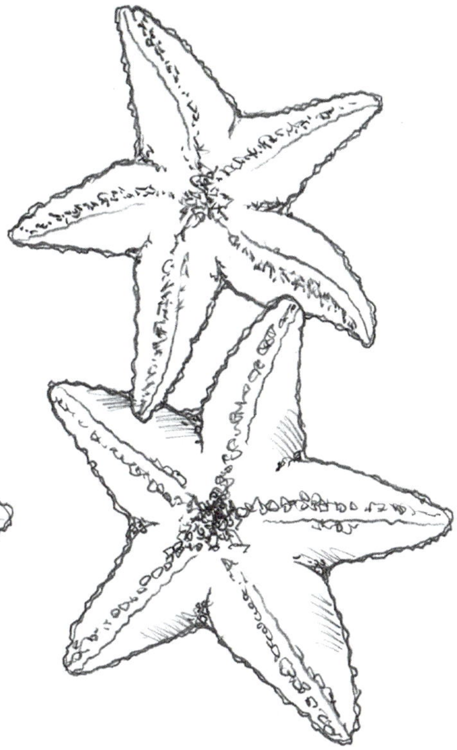

3 **Winzige Kreise**
Gestalte nun den Seestern mit einer flächigen Kreis-Struktur.

4 **Oberfläche**
Setze die Arbeit von Schritt 3 so lange fort, bis die Oberfläche des Seesterns fertig gestaltet ist.

KLEINE KÜNSTLER
Daphne hat auch zwei Seesterne gezeichnet. Bei den vielen Mini-Kringeln ist sie irgendwann ungeduldig geworden.

SEEPFERDCHEN UND FISCH

★★☆

Am Ende des Kapitels mit den Meerestieren stehen noch zwei besonders schöne Zeichenmotive: das Seepferdchen und ein Korallenfisch.

1

Spezielle Formen
Zeichne diese ganz speziellen Formen, dann geht der Rest wie von selbst.

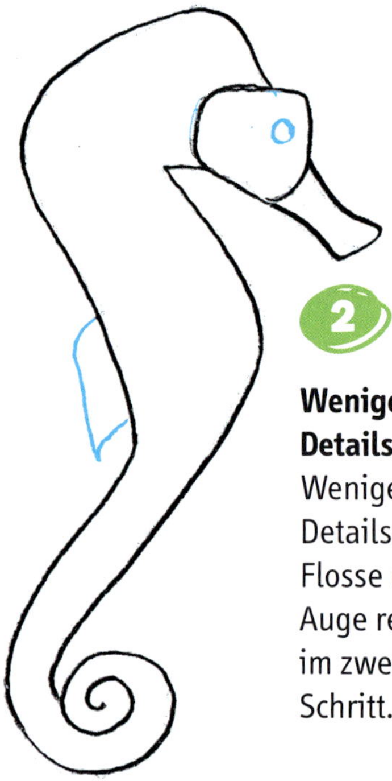

2

Wenige Details
Wenige Details wie Flosse und Auge reichen im zweiten Schritt.

3

Wellige Konturen
Verfeinere jetzt die Konturen, indem du die typische Wellenlinie zeichnest.

4

Zarte Schraffuren
Zeichne die ersten Schraffuren und die Kontur der transparenten Flosse.

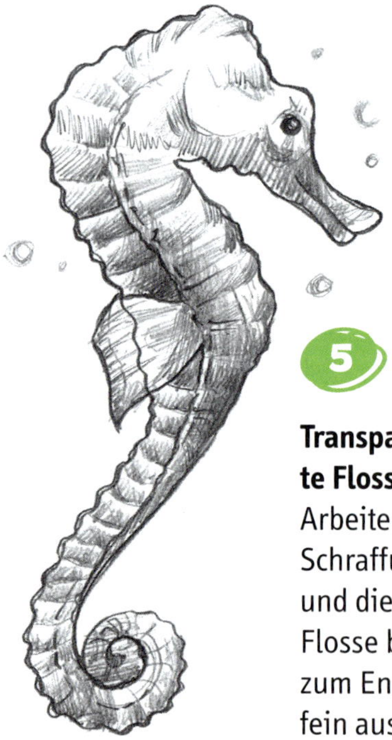

5

Transparente Flosse
Arbeite die Schraffuren und die Flosse bis zum Ende fein aus.

KLEINE KÜNSTLER
Daphne hat auch ein Seepferdchen gezeichnet und dabei der Einfachheit halber Schritt 2 durchgepaust.

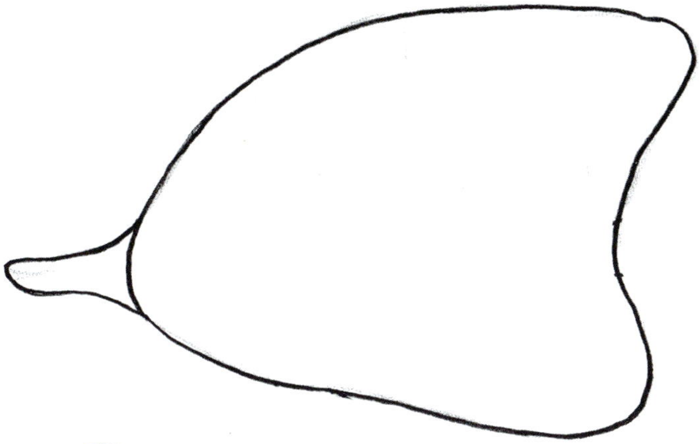

1 **Spitzer Mund**
Eine große Form und eine kleine für den Mund bilden den Anfang.

2 **Flossen**
An die Grundform werden im zweiten Schritt die Flossen gezeichnet.

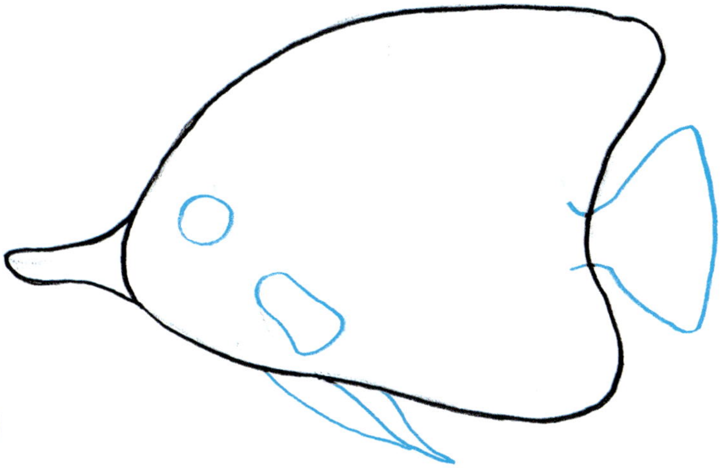

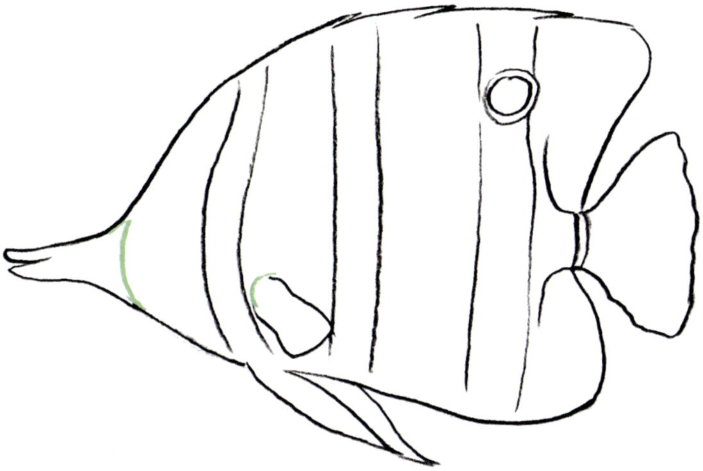

3 **Schönes Muster**
Auf den Körper kannst du jetzt das typische Streifenmuster zeichnen.

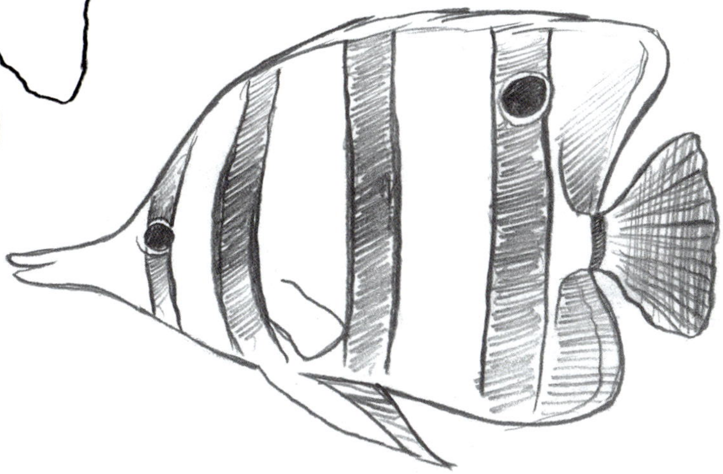

4 **Punkt und Auge**
Als zusätzlichen Hingucker hat der Fische einen dunklen Punkt. Auch das Auge ist dunkel.

5 **Feine Schuppen**
Die feinen Schuppen verlaufen schräg über den Körper und das Streifenmuster.

Blubberblasen verdeutlichen das Wasser.

HUSKY

★★☆

Was darf beim Zeichnen von Tieren auf keinen Fall fehlen? Der Hund natürlich! Schließlich sind sie für viele von uns ein täglicher Freund und Begleiter. Vielleicht habt ihr ja selbst einen Hund bei euch zuhause.

1 Getrennte Formen
Diese beiden voneinander getrennten Formen beschreiben den Körper und Kopf.

2 Der ganze Körper
Zeichne an den Ausgangsformen weiter, indem du die Beine, den Schwanz, das Gesicht und den Hals hinzufügst.

Versetzte Beinstellung

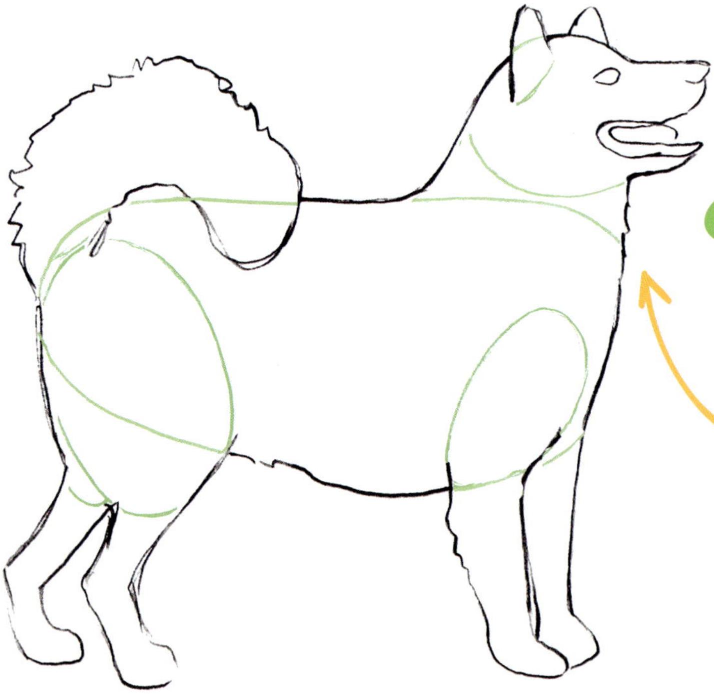

3 Husky-Fell
Arbeite die Kontur dem Husky-Fell entsprechend aus und radiere die störenden Hilfslinien weg.

Charakteristische Struktur des Fells

Das ist schon super!

4 **Schwarze Flächen**

Mit kräftigen schwarzen Schraffuren kannst du die schwarzen Flächen im Fell und im Gesicht zeichnen.

Abwechselnd helle und dunkle Bereiche

Zeichne ein wenig Boden unter die Pfoten.

Für kleine Profis

5 **Dichtes Felll**

Mit helleren Schraffuren arbeitest du nun die helleren Bereiche des Fells, der Beine und des Gesichts aus. Dann sieht das Bild schon wie ein echter Husky aus.

DETAILANSICHT

Die Detailansicht des Kopfes zeigt das Wechselspiel zwischen tief schwarzen und ganz weißen Bereichen im Fell. Besonders am Mund und an den Augen fallen die schwarzen Flächen auf, die wie dicke Konturen wirken.

PAPILLON UND SENNENHUND

★★☆

Der kleine süße Papillon und der Sennenhund-Welpe bilden einen tollen Kontrast. Vor allen Dingen bieten sie zwei gute Motive, um sich an weiteren Hunderassen zu versuchen.

1

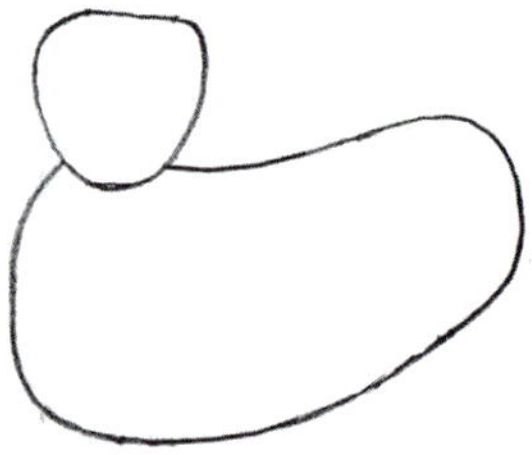

2

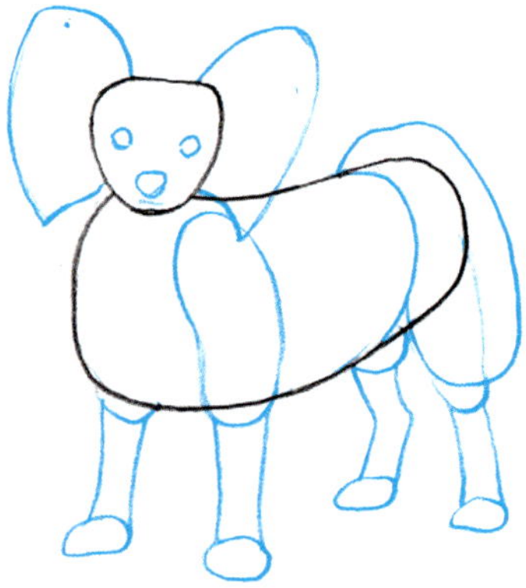

3

4

1 2 3 4 5

Teste dein Zeichenwissen
Dieses Spiel kennst du schon von den vorherigen Kapiteln. Versuche anhand der Abbildungen und ohne weitere schriftliche Erklärungen den kleinen Hund zu zeichnen.

5

1

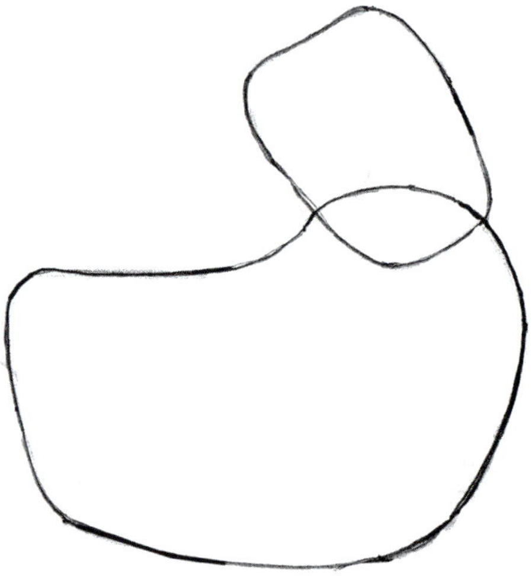

Liegende Haltung
Durch das Zeichnen dieser beiden Formen beschreibst du bereits die liegende Haltung des Sennenhundes.

2

Beine in Perspektive
Die Beine erscheinen in dieser Ansicht perspektivisch verkürzt. Achte deshalb genau auf die richtigen Proportionen.

Optisch verkürzte Beine

3 Hilfslinien

Die Hilfslinien solltest du vorsichtig ausradieren und die Zehen einzeichnen.

WEITERE MINI-HUNDE

Kleine Hund zu zeichnen macht total Spaß! Und es gibt eine ganze Reihe an Rassen. Probier doch mal den hier abgebildeten Yorkshire Terrier.

Das ist schon super!

4 Überwiegend dunkel

Ein Großteil des Fells ist dunkel, weshalb in diesem Schritt bereits größere Flächen schwarz angelegt werden.

Für kleine Profis

5 Hell-Dunkel-Wechsel

Mit weiteren dunklen Schraffuren, aber auch einigen hellen Schraffuren wird das Gesicht, der Körper sowie Beine und Pfoten fertig gestaltet.

Schatten unter dem Körper

TERRIER UND COLLIE

Du wirst sehen: Diese beiden Hunde, der Irish Terrier und der Border Collie, sind einfacher zu zeichnen als die süßen Hunde von der vorherigen Seite.

1 Gequetschte Ovale
Mit diesen beiden gequetschten Formen fängst du an.

2 Seitenansicht
Dieser Hund ist genau von der Seite abgebildet, entsprechend werden Beine und Schwanz gezeichnet.

3 Hilfslinien
Radiere die Hilfslinien aus und verfeinere die Kontur.

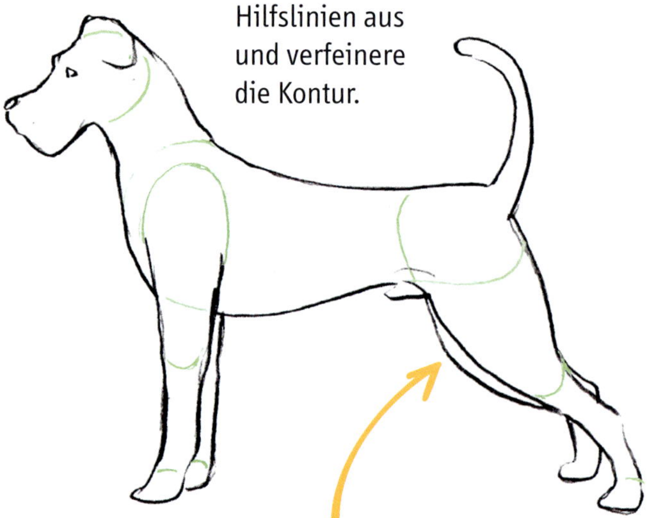

Beine stark nach hinten ausgerichtet.

4 Kurzes, dichtes Fell
Mit ersten Schraffuren zeichnest du das kurzhaarige Fell.

5 Körperhaltung
Arbeite die Fellstruktur weiter mit kleinen Kringeln aus und achte auch besonders auf die spezielle Beinstellung des Hundes.

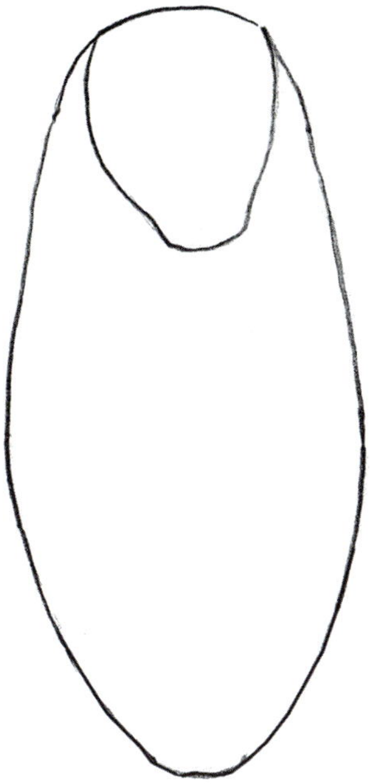

1 Frontansicht
Diese beiden Ausgangsformen beschreiben den Körper und den Kopf des Hundes in der Frontansicht.

2 Beine und Ohren
Durch die Perspektive direkt von vorne musst du die Beine und die Ohren eher seitlich an die Ausgangsformen zeichnen.

3 Typisch Border Collie
Das typische Schwarzweiße Fell des Border Collies gilt es nun mit ersten schwarzen Schraffuren herauszuarbeiten.

ALS ZIRKUSHUND
Auf den kommenden Seiten siehst du einige lustige oder kreative Varianten, wie du die Tiere auch zeichnen kannst, so wie hier den Zirkushund.

4 Weiße Brust
Arbeite das Fell und das Gesicht weiter aus. Dabei bleibt die Brust vorne nahezu weiß, ebenso die Vorderläufe und die Pfoten.

NOCH MEHR HUNDE

★★★

Weil es so Spaß macht, zeichnen wir einfach noch weitere Hunde: den Labrador, den Boxer und den Deutschen Schäferhund.

1 Kleine Unterschiede
Alle Hunde sind von vorne oder schräg von vorne dargestellt. Die Grundformen sind ähnlich, aber unterscheiden sich im Detail.

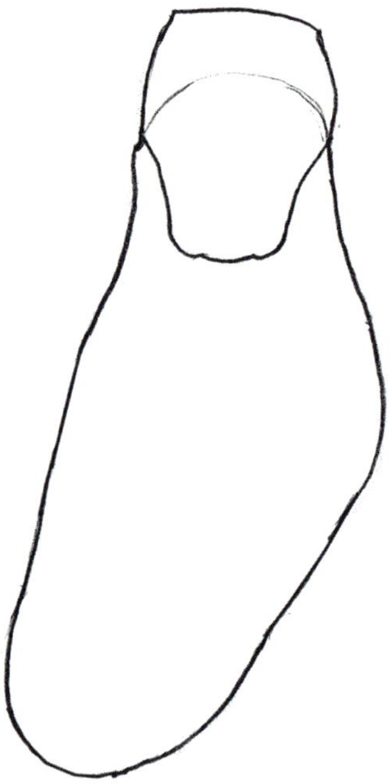

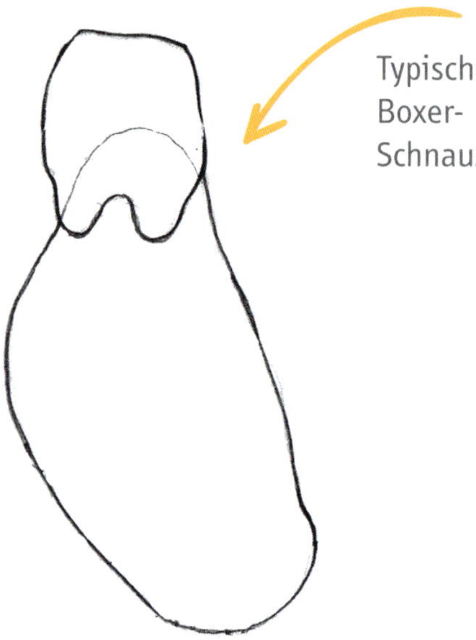

Typische Boxer-Schnauze

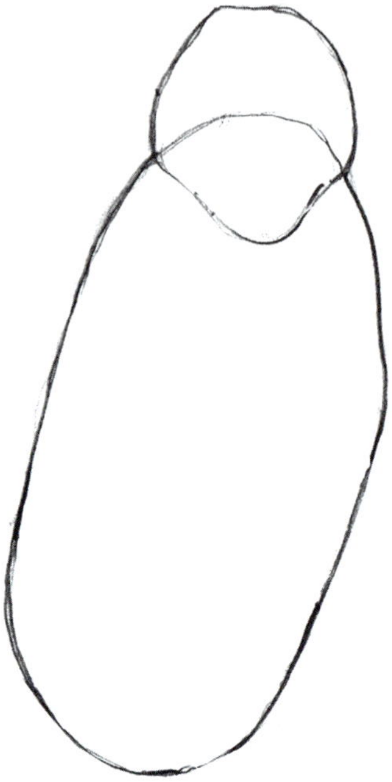

2 Große Unterschiede
Im zweiten Schritt werden die Unterschiede deutlicher, z. B. bei den Ohren und den Gesichtern. Zeichne diese so genau wie möglich der jeweiligen Rasse entsprechend nach.

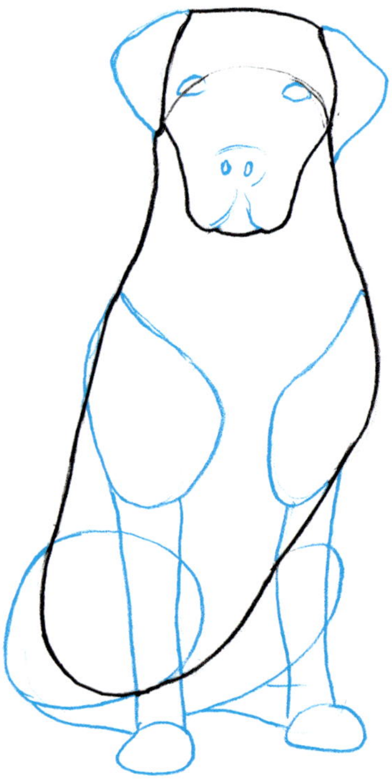

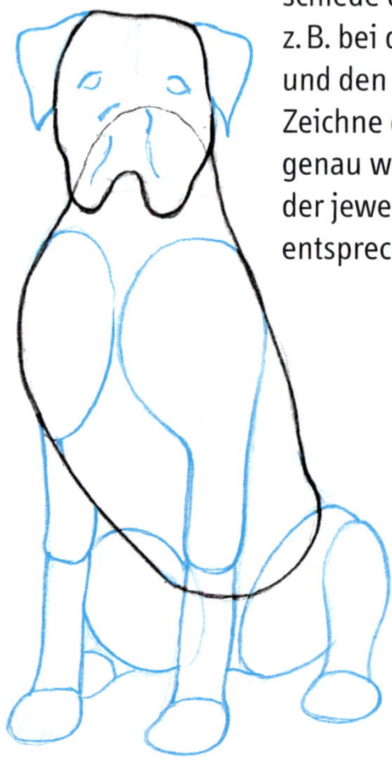

Der Schwanz ist sichtbar.

Das ist schon super!

3 **Unterschiedliche Helligkeit**
Die Fellfarben sind sehr unterschiedlich, der Labrador wird dunkel schraffiert, der Boxer überwiegend heller.

Spezielle Zeichnung im Gesicht

Für kleine Profis

4 **Feine Übergänge**
Zeichne die Hell-Dunkel-Übergänge im Fell bei allen drei Hunden so fein wie möglich.

KÄTZCHEN

★★☆

Die kleine Katze weiß wohl schon ganz genau, wie sie die Betrachter in Verzückung versetzt. Nimm einen Bleistift und Papier und zeichne gleich das niedliche Tierchen.

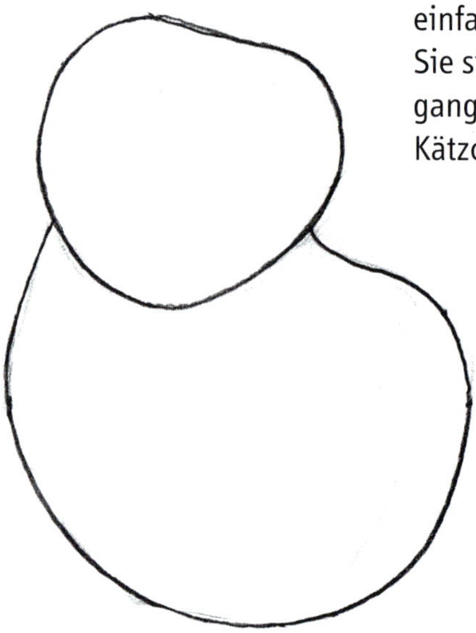

1 Einfache Formen
Zeichne diese beiden einfachen Formen. Sie sind der Ausgangspunkt deiner Kätzchen-Zeichnung.

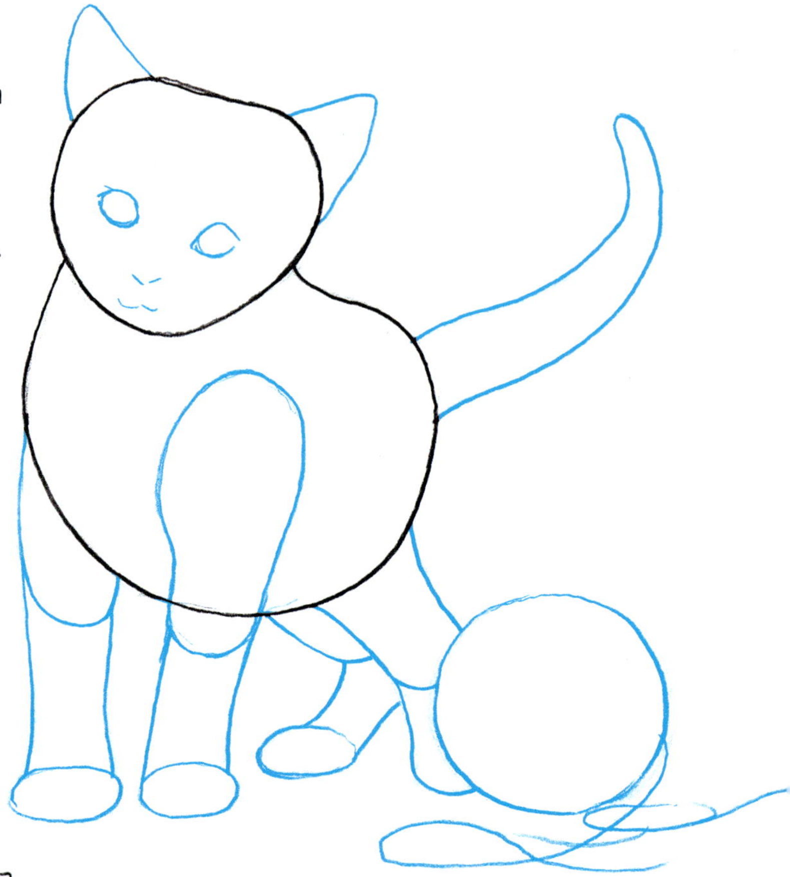

2 Das Wollknäul
Im zweiten Schritt kommen die Beine, die Ohren, der Schwanz und das Gesicht hinzu. Als besonderes kleines Detail kommt noch das Wollknäul vor eine der hinteren Pfoten.

3 Vorsichtig radieren
Ein paar Hilfslinien solltest du ausradieren, da sie später stören könnten. Ansonsten verfeinerst du weiter die Konturen.

COOL CAT
Für Comics oder Grußkarten kannst du dir auch mal eine Variante mit netten Accessoire ausdenken.

Das ist schon super!

4 Einzelne Wollfäden
Die Augen bei Katzen sollten ausdrucksstark sein. Schraffiere sie vorsichtig, ebenso das Fell. Das Wollknäul kannst du mit einzelnen Wollfäden weiter gestalten.

5 Für kleine Profis

Kleines Näschen
Arbeite das Fell und das Knäul weiter mit feinen Schraffuren aus. Nase und Schnauze bei Tierbabies sind meistens noch ganz zierlich. Berücksichtige dies auch beim Zeichnen.

DREI KATZEN

★★☆

Es ist eine gute Übung, um die Unterschiede innerhalb einer Tiergattung zu begreifen, indem man mehrer Tiere in ähnlicher Pose nebeneinander stellt und zeichnet.

1 Dick und dünn

Der Unterschied bei den Grundformen ist nicht der, dass manche Katzen wesentlich dicker sind, sondern, es sind vor allem Unterschiede beim Fell.

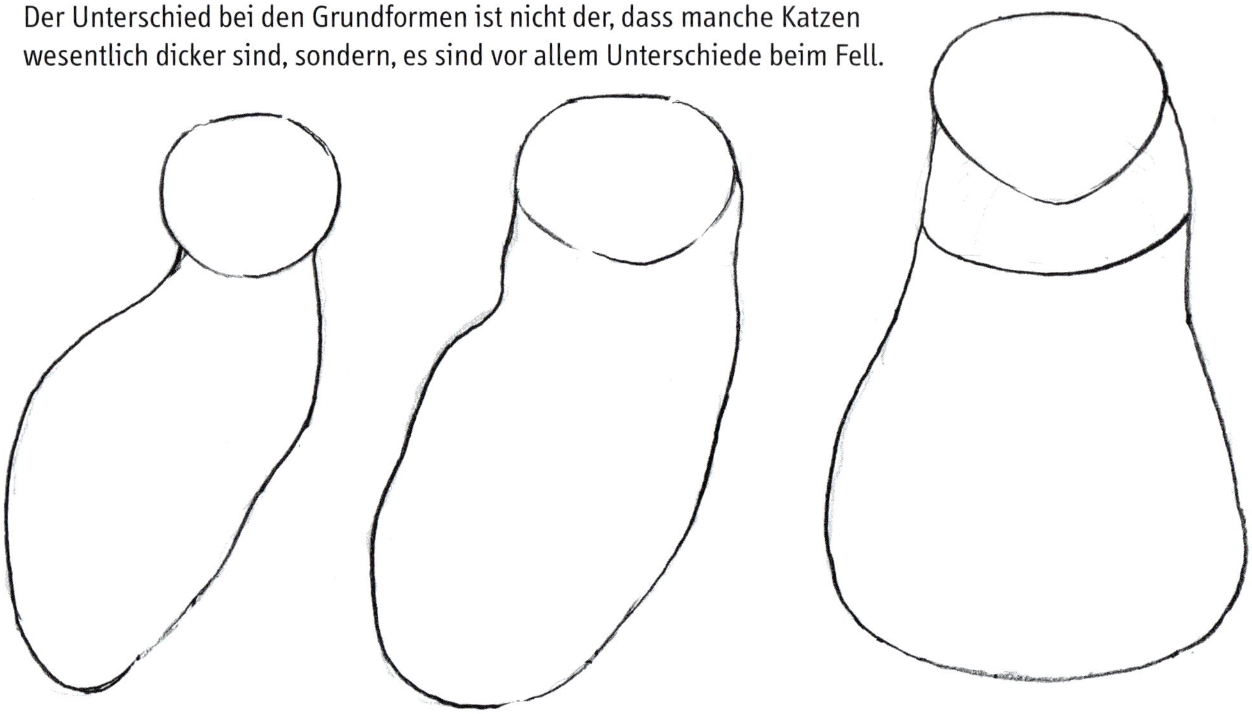

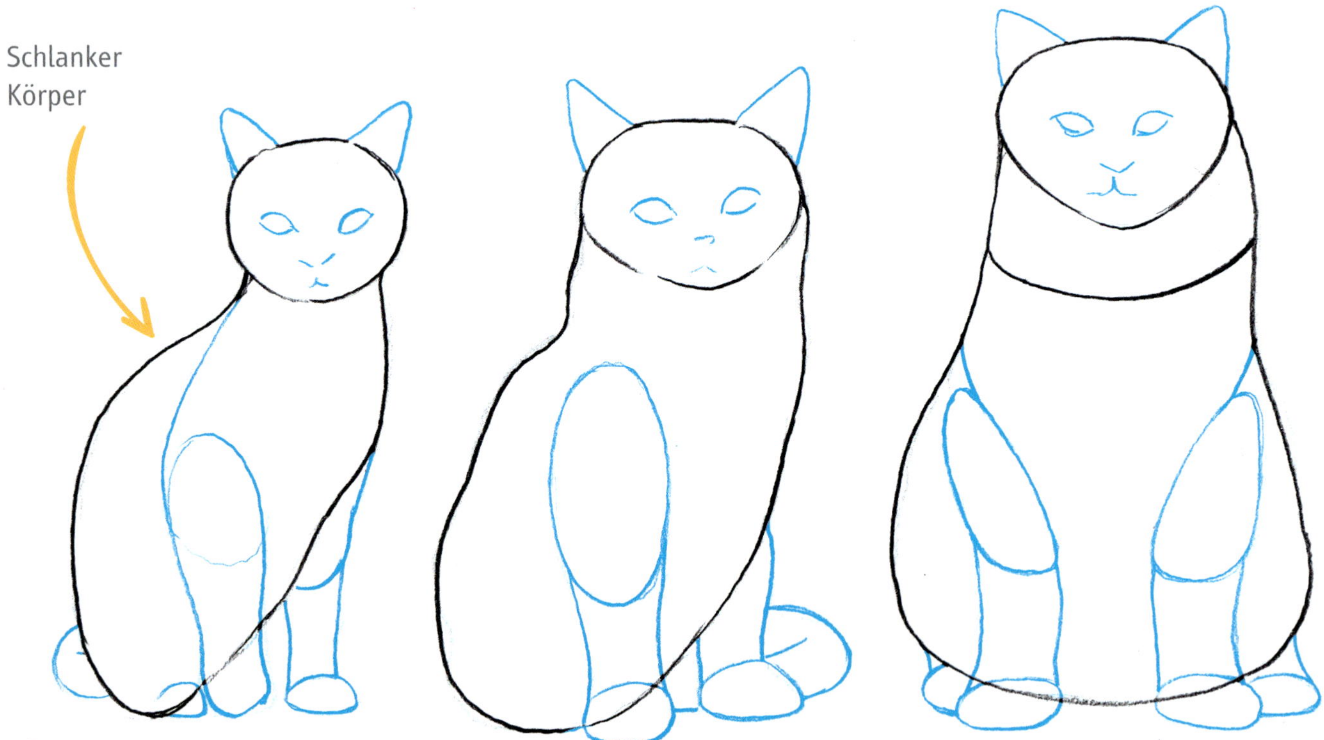

2 Gesichter und Posen

Zeichne die Gesichter und die Beine ein. Die Gesichter unterscheiden sich dabei kaum, jedoch sind die Volumen der Beine und die Körperhaltungen ganz unterschiedlich.

3 **Von Hell bis Dunkel**

Wie bei den Hunden auf Seite 97 sind auch hier die Helligkeit des Fells und das Muster ganz unterschiedlich und sind für das Aussehen der Katze entscheidend.

4 **Haarlänge**

Arbeite die Schraffuren aus. Links genügen kurze helle Striche, in der Mitte dunkle und kräftige Schraffuren. Die Katze rechts hat längere Haare, deshalb müssen auch die Linien etwas länger sein .

BABY-KATZEN

★★☆

Tier-Babys waren bereits auf mehreren Doppelseiten Thema dieses Buches. Sie sind einfach niedlich, so auch diese beiden Kätzchen, die hier abgebildet sind.

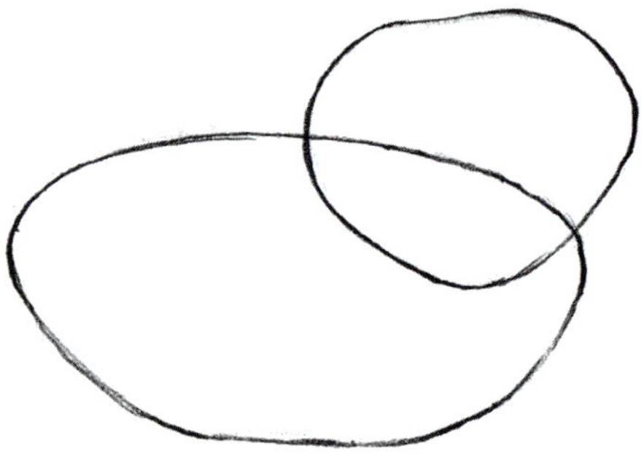

1 Ganz einfach
Zeichne die ersten beiden Formen. Das bekommst du problemlos hin.

2 Etwas schwieriger
Für die weiteren Körperteile brauchst du etwas mehr geschickt. Zeichne sie genau der Vorlage entsprechend oder pause sie einfach ab.

3 Feines Muster
Schon bei den ganz kleinen Katzen ist das Muster im Fell erkennbar. Entferne die Hilfslinien und zeichne die ersten Strukturen dunkel ein.

4 Abstufungen
Durch weitere, etwas hellere Schraffuren wird das Fell und das Gesicht bereits sehr katzenähnlich.

Das ist schon super!

Für kleine Profis

5 Leichtes Lächeln
Die Schraffuren arbeitest du ganz aus. Der Mund hat ein leichtes Lächeln, das macht das Kätzchen noch etwas niedlicher.

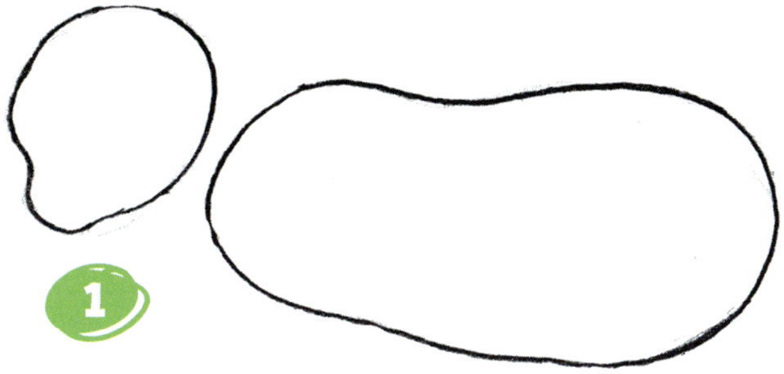

1

Seitenansicht
Die Abbildung zeigt die ersten Grundformen bei der Seitenansicht eines Kätzchens.

Die Linien für den Hals verbinden die beiden getrennten Grundformen.

2

Versetzte Ohren
Hier siehst du die weiteren Körperteile. Der Kopf ist leicht gedreht, deshalb musst du die Ohren versetzt zeichnen.

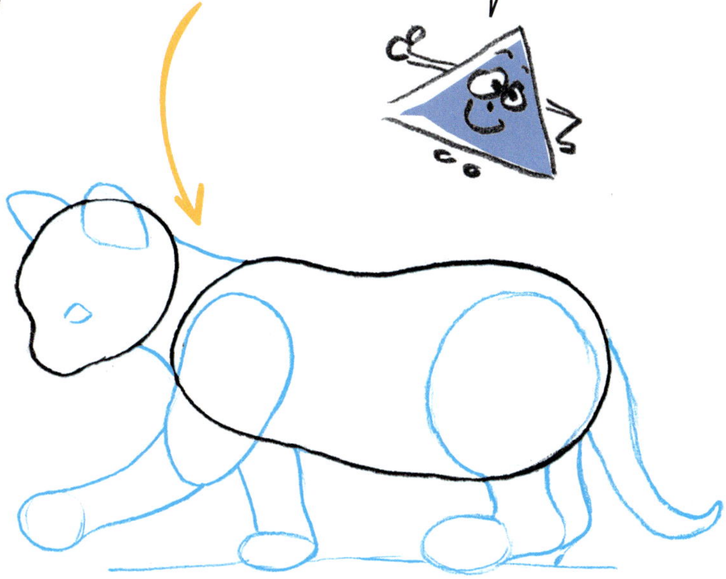

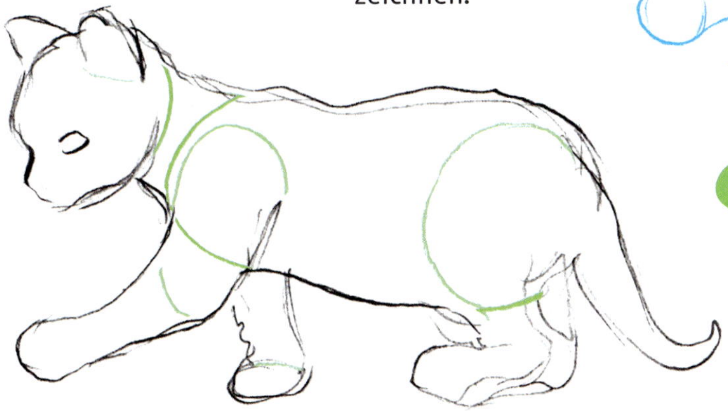

3

Lockerer Strich
Im dritten Schritt werden die Hilfslinien ausradiert. Die Kontur kannst du etwas lockerer und dem Fell entsprechend zeichnen.

4

Streifen
Das Fell dieser Katze ist gestreift. Diese Streifen können nun in wechselnder Stärke und mit Lücken über den ganzen Körper verteilt werden.

5

Weiße Pfoten
Feine hellere Schraffuren verbinden optisch die Streifen miteinander. Die Pfoten bleiben weiß.

HOLSTEINER

★☆☆

Vielleicht habt ihr auf dieses Kapitel bereits gewartet, denn Pferde dürfen beim Thema „Tiere Zeichnen“ natürlich auf keinen Fall fehlen. Fangen wir gleich damit an. Den Holsteiner in der Seitenansicht bekommst du bestimmt hin!

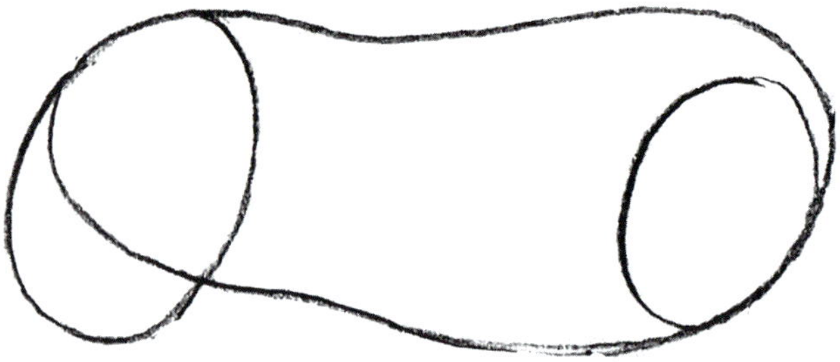

1 **Beinansatz**
Zeichne zuerst den großen Körper als etwas eingedrücktes Oval, dann noch die Ansätze der Beine.

2 **Kniegelenke als Kugeln**
Zeichne nun die Beine, den Schweif, den Hals und den Kopf. Zeichnest du die Knie als kleine Kreise, fällt die Darstellung der Beine deutlich leichter.

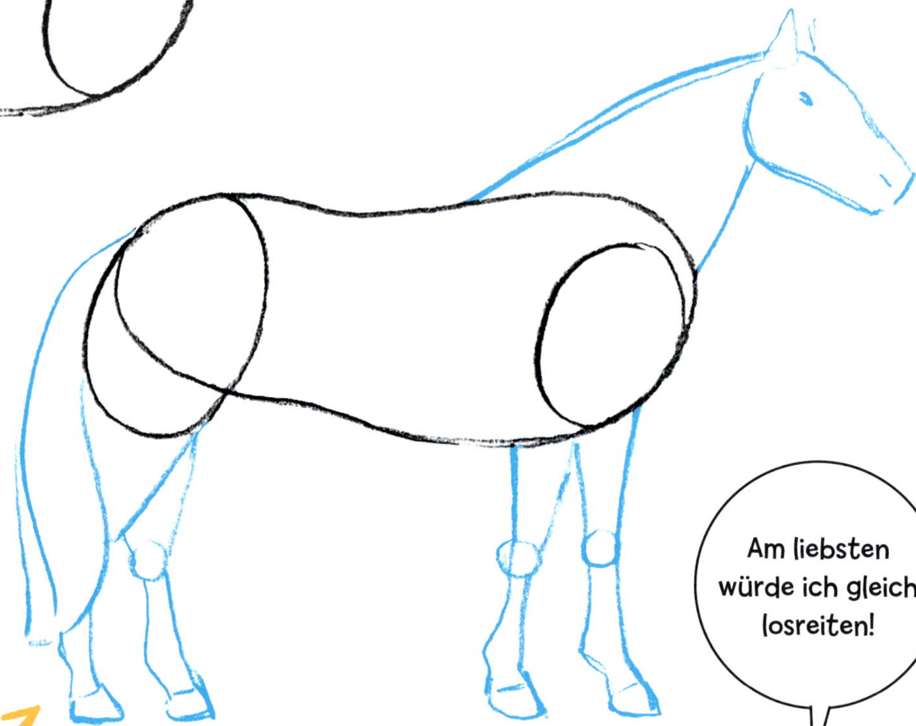

Die Hufe nicht zu groß zeichnen.

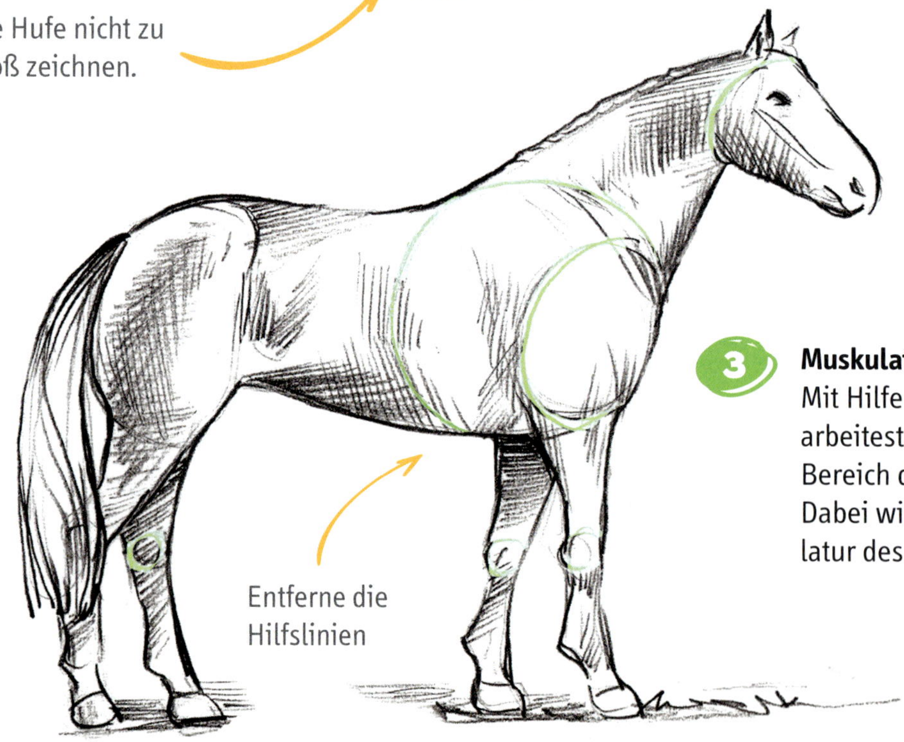

Entferne die Hilfslinien

3 **Muskulatur**
Mit Hilfe der ersten Schraffuren arbeitest du die Hell-Dunkel-Bereich des Körpers heraus. Dabei wird die kräftige Muskulatur des Pferdes deutlich.

Die genaue Form des Kopfes beachten.

4

Langer Schweif
Arbeite die Schraffuren weiter aus. Mit langen, leicht gebogenen Linien bekommst du die Optik des Pferdeschweifs hin.

5

Gepflegte Mähne
Feine hellere Schraffuren geben dem Fell eine glänzende gepflegte Oberfläche, ebenso die geknüpfte Mähne des Pferdes.

Ein wenig Boden nicht vergessen.

KLEINE KÜNSTLER
Auch Pia hat das Holsteiner Pferd gezeichnet. Dabei hat sie sich an Schritt 2 orientiert und ein paar Linien davon abgepaust. Die Schraffuren hat sie Schritt 3–5 nachempfunden.

Verkleinerte Abbildung

IM GESTÜT

★★★

Auf den folgenden zwei Doppelseiten zeichnen wir vier Pferde. Du kannst entscheiden, ob du sie einzeln oder als Gruppe wie in einem Gestüt zeichnen möchtest. Hier machen wir erst einmal den Anfang.

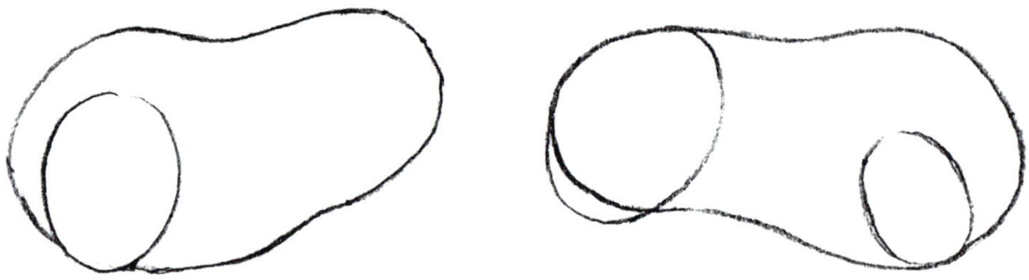

1

Körperhaltung
Die Grundformen sind immer ähnlich, sie unterscheiden sich nur durch die Grundhaltung und Perspektive des Pferdes.

2

Wehende Mähne
Bei einem Pferd in Bewegung, d.h. im Trab oder Galopp, musst du Schweif und Mähne ebenfalls in Bewegung darstellen.

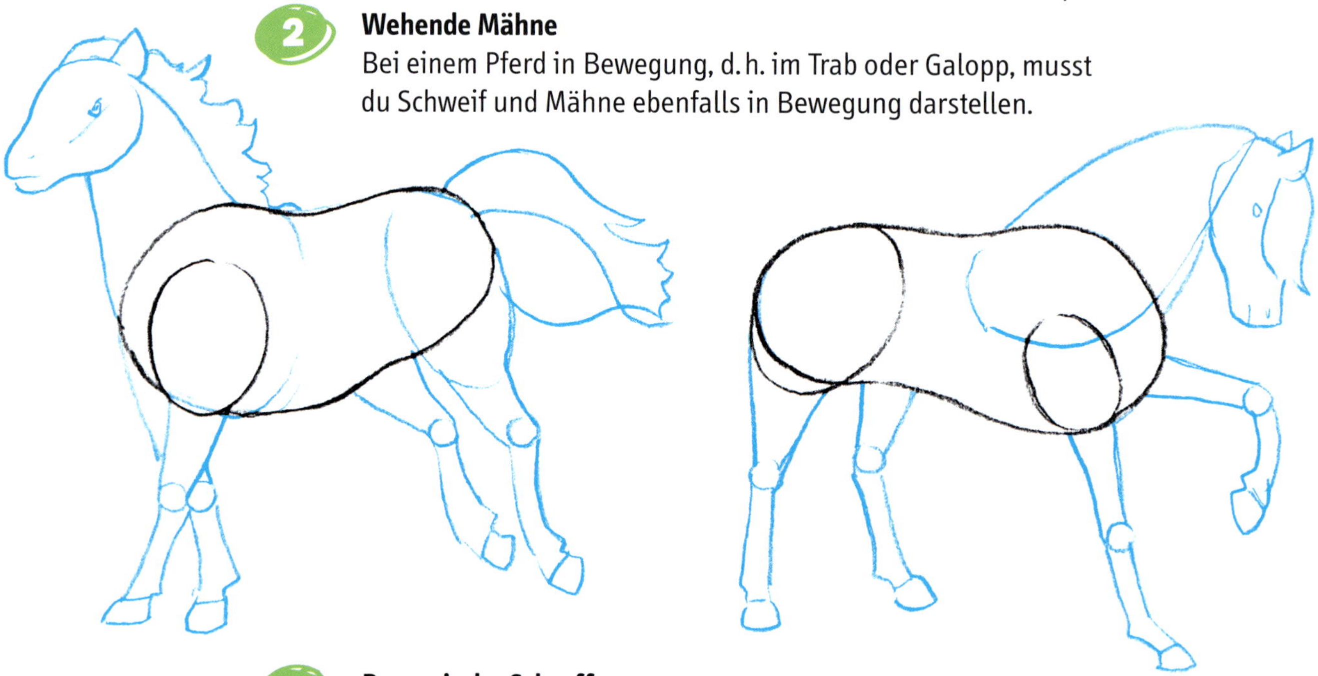

3

Dynamische Schraffuren
Zeichnest du die Schraffuren etwas schneller und skizzenhafter wie hier links, bringen sie gut die Dynamik der Bewegung zum Ausdruck.

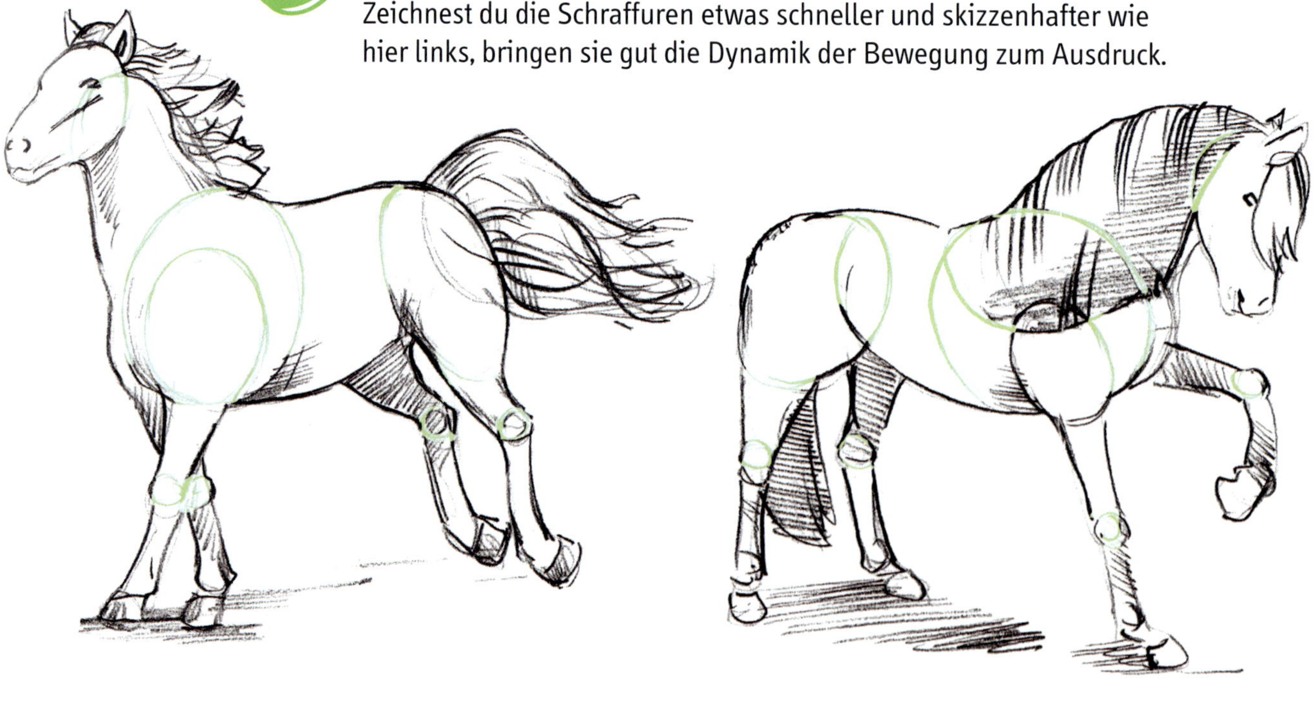

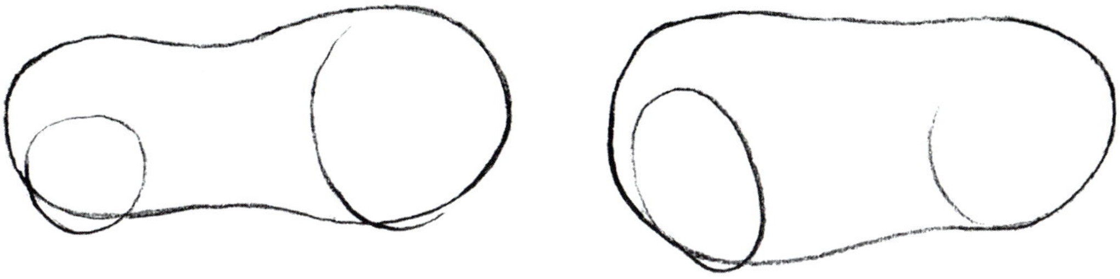

1

Das kennst du bereits
Auch diese beiden Pferde werden im ersten Schritt gleich gezeichnet wie die anderen, wobei das linke Pferd deutlich schlanker ist.

2

Unterschiede bei den Rassen
An diesen beiden Pferden kann man gut erkennen, wie unterschiedlich die Rassen sein können. Das Pferd links hat eine sehr dichte Mähne ist aber eher schlank. Das Pferd rechts ist kräftiger, hat aber eine kurze Mähne.

3

Wichtiger Schritt
Der dritte Schritt ist bei diesen Pferden wichtig, da hier die Mähne und der Schweif sowie durch Schraffure die charakteristischen Merkmale am Körper herausgearbeitet werden.

IM GESTÜT

★★★

Und gleich geht es weiter mit den Pferden. Jetzt wird ihr Fell und ihre Mähne richtig ausgearbeitet, so dass sie am Ende ganz lebendig wirken und das Charakteristische jeder Rasse zum Ausdruck kommt.

Das ist schon super!

4 Edle Pferde

Je feiner du die Schraffuren am Körper und in der Mähne ausarbeitest, umso edler wirken am Ende die Darstellungen der Pferde. Achte auch darauf, dass die optisch hinteren Beine im Schatten liegen und deshalb dunkler sein müssen.

Weiße Flächen bringen Glanz.

Wehende Mähne

Struppige Mähne

Welches Pferd magst du am liebsten?

Isländer

Camargue Wildpferd

Andalusier

5 Das Gestüt

Verteilst du die Pferde so auf einem Blatt, dass manche kleiner sind (oben) andere größer (unten) und zeichnest noch etwas Wiese dazu, dann wirken sie, als ob sie gemeisam auf der Koppel stehen. Fehlt nur noch der Stall, dann wäre das Gestüt perfekt.

Für kleine Profis

Lipizaner

PERSPEKTIVE

Durch die Größe der Darstellung und die Position auf dem Papier erzeugst du den Eindruck von „vorne" und „hinten".

PFERD IM GALOPP

★★☆

Als Abschluss zum großen Kapitel „Tiere zeichnen“ hier noch das galoppierende Pferd vom Buch-Cover. Hast du bereits etwas Übung, gelingt dir das ganz leicht.

1 Alte Bekannte
Von den anderen Pferde-Darstellungen weißt du bereits, dass du mit dem Körper und den Ansätzen der Oberschenkel angefangen musst.

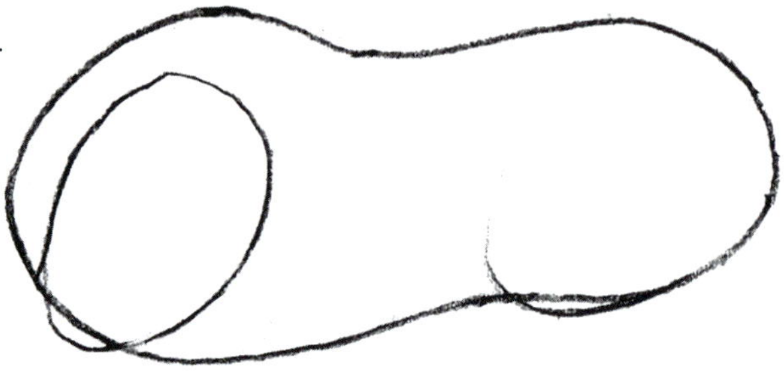

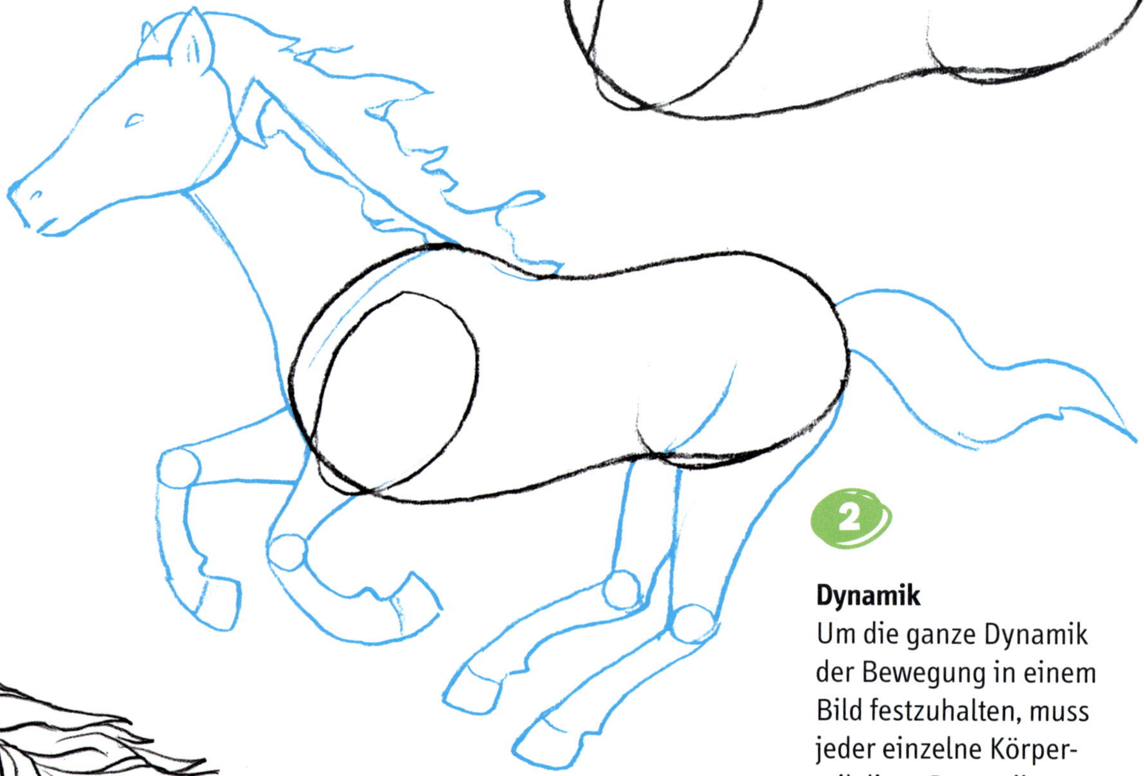

2 Dynamik
Um die ganze Dynamik der Bewegung in einem Bild festzuhalten, muss jeder einzelne Körperteil diese Dynamik zum Ausdruck bringen, wie hier, Beine, Mähne und Schweif.

3 Klare Kontur
Im Gegensatz zu anderen Darstellungen wird hier mit einer klaren, scharfen Kontur gearbeitet. Entferne noch die Hilfslinien.

4

Lockere Schraffuren
Um die Spannung im Körper gut zum Ausdruck zu bringen, arbeitest du am besten mit schnellen, locker gezeichneten Schraffuren.

Der Schweif steht fast waagrecht ab.

5

Finish
Arbeite die Schraffuren bis zum Ende aus, besonders in der Mähne und am Schweif.

Schau dir genau die Stellung der Hufe an.

ANDERE GANGARTEN
Die beiden kleinen Abbildungen zeigen zwei weitere Gangarten beim Pferd. Die linke Gangart heißt „Schritt“ und die rechte „Trab“. schau sie dir genau an und versuche diese ebenfalls zu zeichnen.

MENSCHEN ZEICHNEN

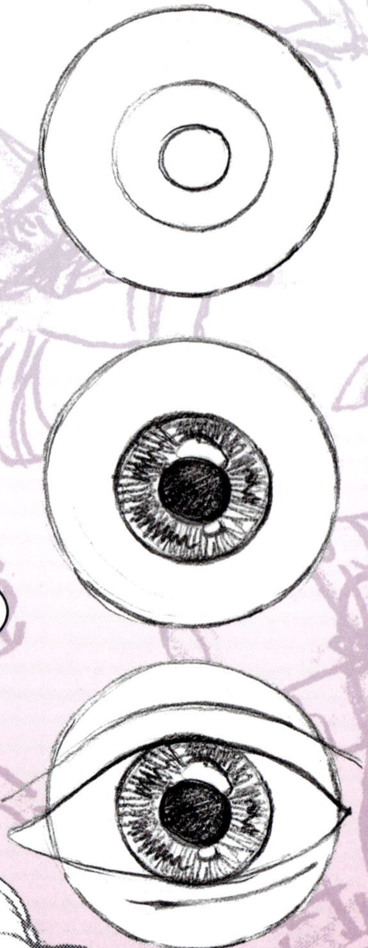

Nach dem großen Kapitel „Tiere zeichnen“ folgt nun das Kapitel „Menschen zeichnen“. Schau genau hin und versuche die abgebildeten Übungen und Motive nachzuzeichnen. Dann bist du bestimmt bald ein kleiner Profi im figürlichen Zeichnen. Manche Themen erfordern etwas geschickt, aber was andere bereits können, kannst du allemal lernen.

AUGEN UND NASE

★★☆

Bevor du komplette Menschen zeichnest, schaust du dir am besten zuerst Details an. Wenn du diese kannst, ist es später einfacher eine ganze Figur darzustellen. Fangen wir mit dem Kopf an und dabei zuerst mit Augen und Nase.

Drei Kreise
Der Augapfel wird zeichnerisch in drei Kreise aufgeteilt: Augapfel, Iris und Pupille. Der untere der drei Schritte zeigt, wie sich die Haut der Augenlider über den Augapfel und ein wenig über die Iris wölbt, je nachdem wie weit das Auge geöffnet ist.

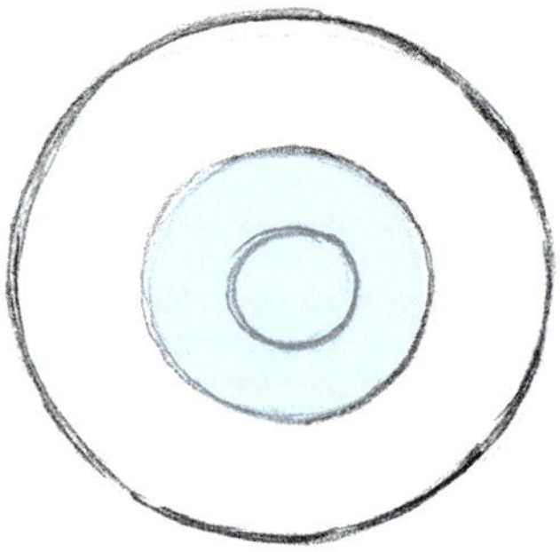

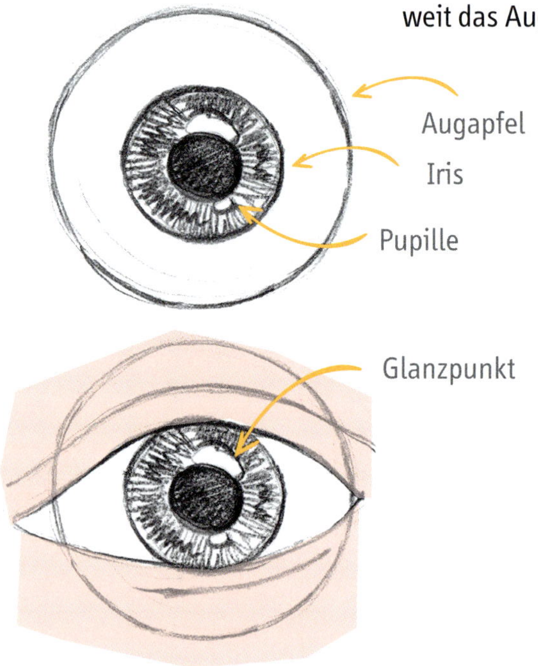

Das Auge
Hier gehst du noch einen Schritt weiter, indem du die Wimpern dazu zeichnest. Das linke Auge von den Dreien ist dabei bereits schraffiert. Wichtig ist, mindestens einen Glanzpunkt ins Auge zu setzen.

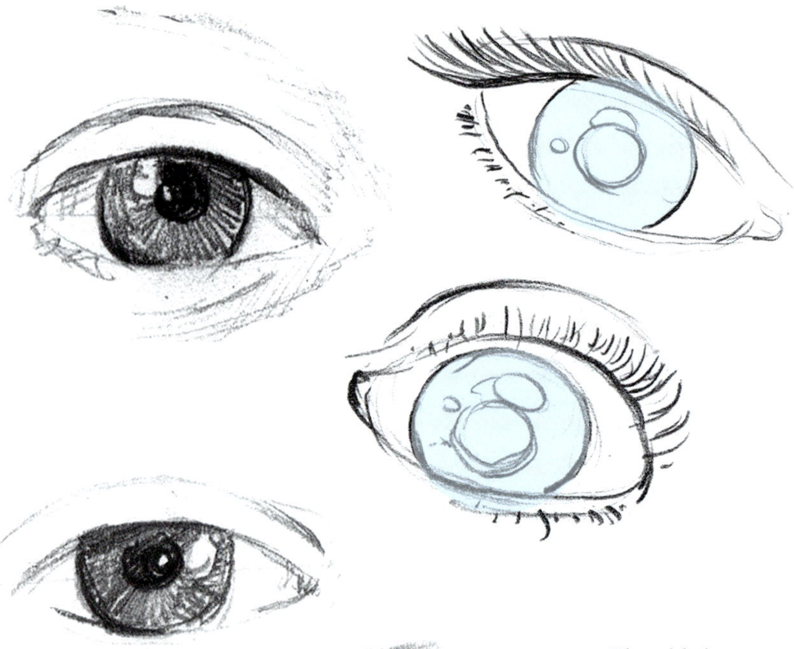

Helle und dunkle Augen
Durch Schraffuren kannst du die Augenfarbe simulieren, auch wenn die Zeichnung nur schwarzweiß ist. Eine helle Iris deutet auf blaue oder grüne Augen hin, dunkle Schraffuren auf braune Augen.

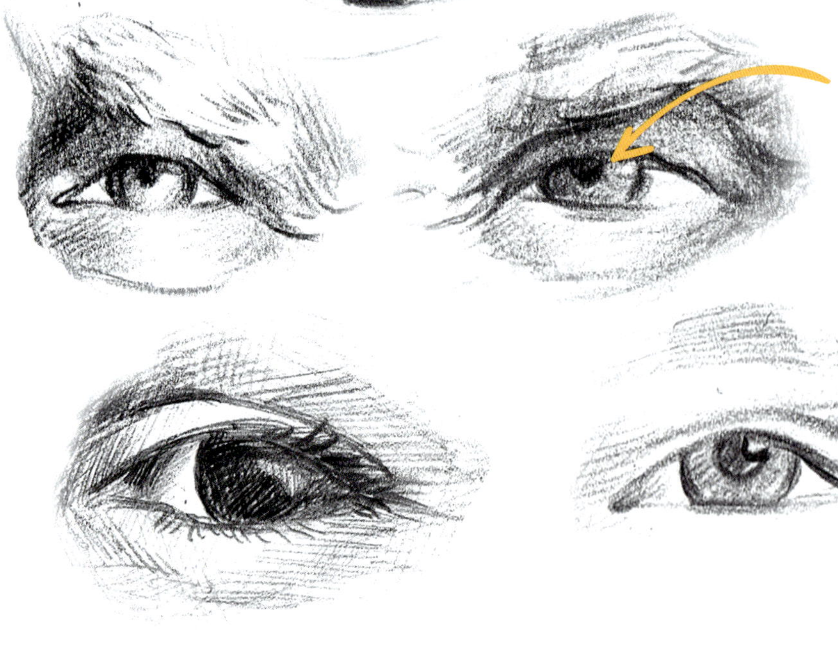

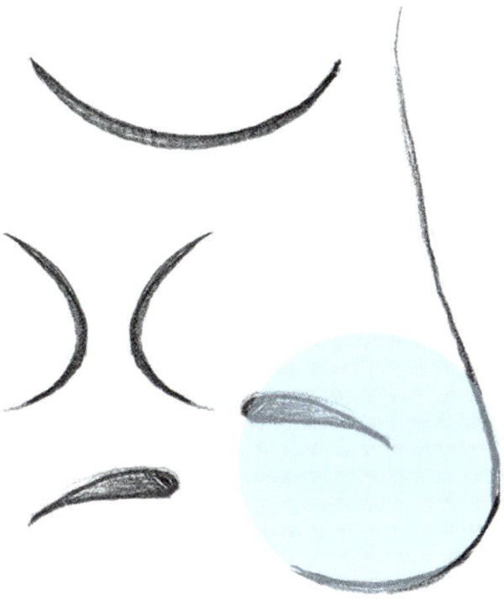

Einfachste Formen
Links siehst du die Formen, welche du brauchst, um eine Nase darzustellen. Je nachdem, wie man sie zusammenbaut, wird eine Nase von vorne oder von der Seite daraus wie die rechten Abbildungen verdeutlichen.

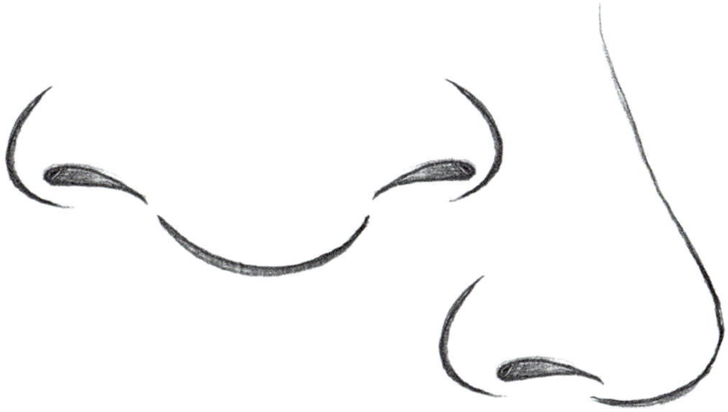

Die Nase
Die Nasen rechts wurden aus den Formen von oben zusammengesetzt und leicht schraffiert. Wichtig ist, dass du die Nasenlöcher dunkel zeichnest, die sonstigen Konturen eher hell. Die Nasenspitze entspricht ungefähr einer Kugel, nur in der Seitenansicht ist diese Kugel etwas verformt und läuft spitzer zu.

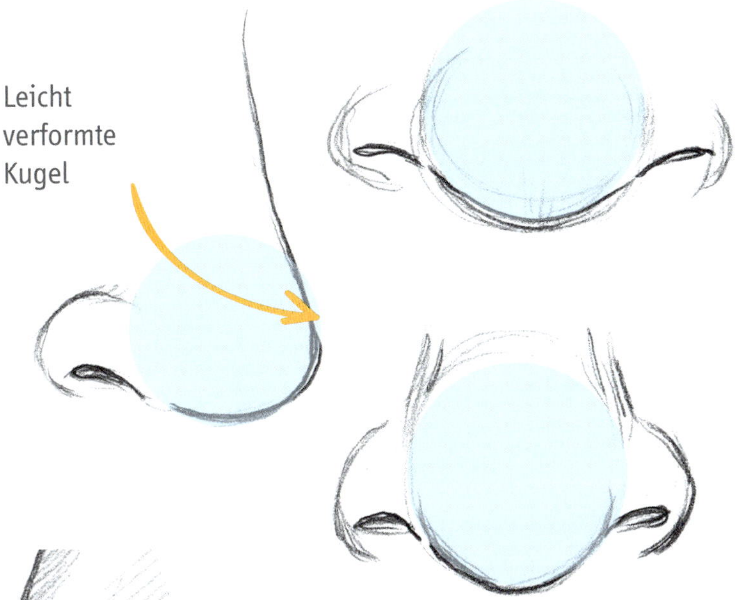

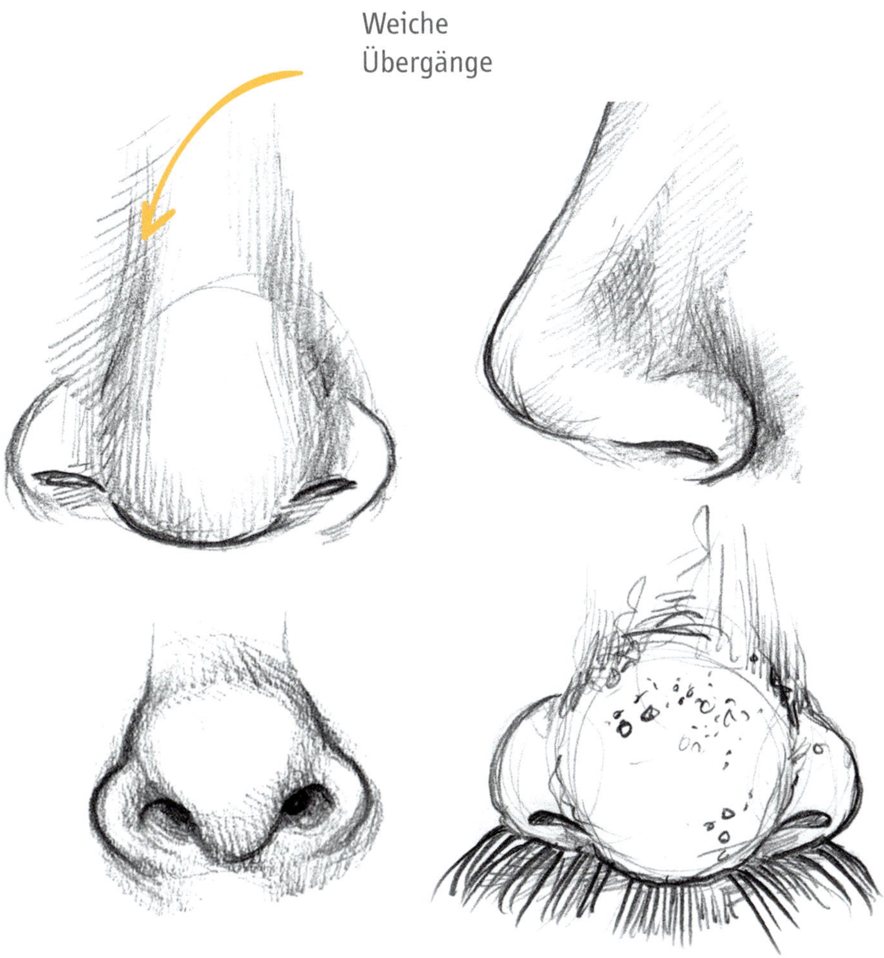

Verschiedene Nasen
Links siehst du vier Beispiele an Nasen. Schraffuren sind dabei sehr wichtig, da bei Nasen weniger mit harten Konturen als mit weichen Übergängen zwischen Nasenrücken und Gesicht gearbeitet wird.

MUND UND OHREN

Um die wichtigen Details am Kopf komplett zu machen, sind auf dieser Doppelseite noch Übungen zum Zeichnen des Mundes und der Ohren abgebildet. Kannst du auch das, dann können wir gleich mit dem Zeichnen ganzer Gesichter fortfahren.

Der Mund
Die Abbildung zeigt, wie du ganz einfach einen Mund zeichnen kannst. Zunächst genügen zwei kurze Striche und dazu in der Mitte ein paralleler Strich. Dann zeichnest du oben und unten die Wölbungen und die Mundwinkel. Lass dazwischen Lücken in der Kontur! Am Ende noch einige Schraffuren, dann ist der Mund fertig. Allerdings können Münder je nach Stimmungslage sehr unterschiedlich aussehen, einige Beispiele siehst du unten.

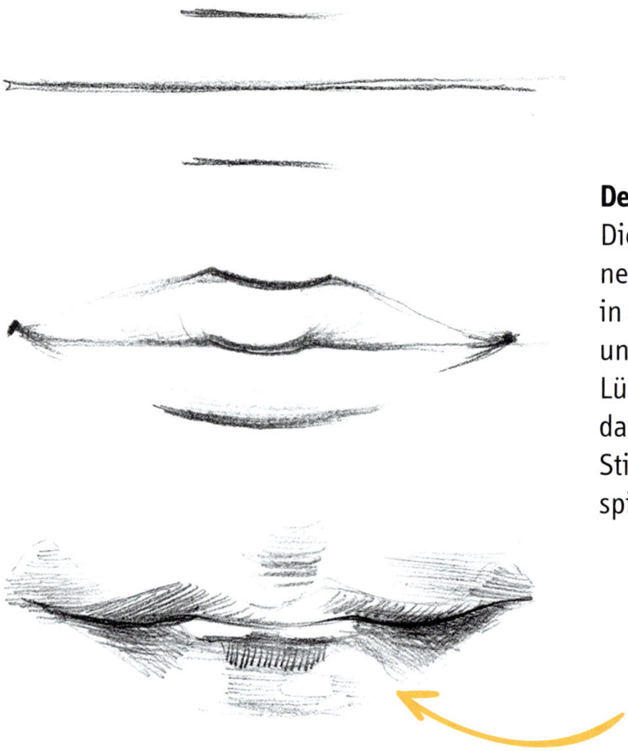

Mut zur Lücke
Münder zu zeichnen, bedeutet in erster Linie auf scharfe Konturen zu verzichten und die Wölbungen der Lippen über Schraffuren herauszuarbeiten. Rechts sind einige Beispiele dazu abgebildet. Lässt man auch zwischen den Zähnen weiße Bereiche, wirken diese um so strahlender.

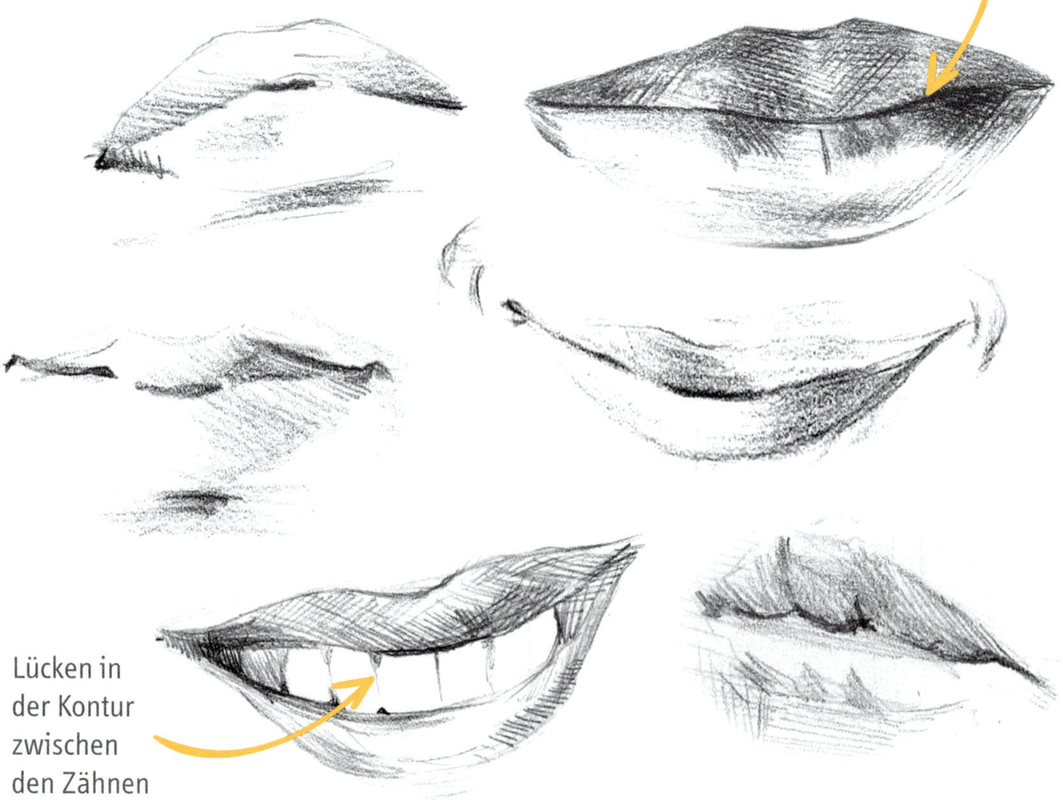

Die Ohren

Die Ohren sind das große Geheimnis, denn sie sind ein relativ unförmiges Gebilde aus Haut und Knorpeln. Die Abbildungen links zeigen dir, wie du dennoch ein Ohr von der Seite und von vorne zeichnen kannst. Den Anfang machen ganz einfache Konturen. Im nächsten Schritt kannst du Schraffuren einarbeiten, die du dann am Ende fertig ausgestaltest.

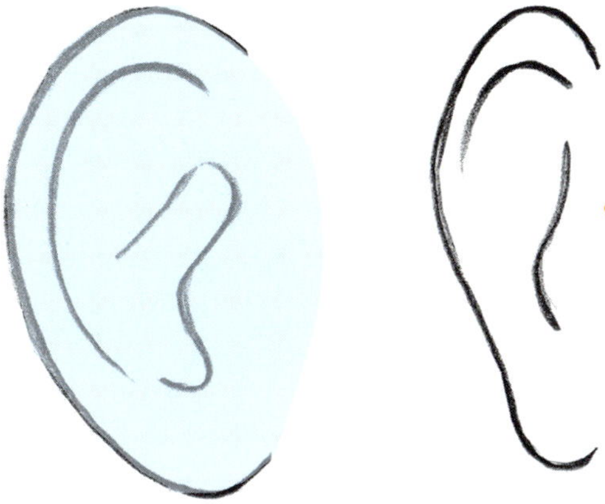

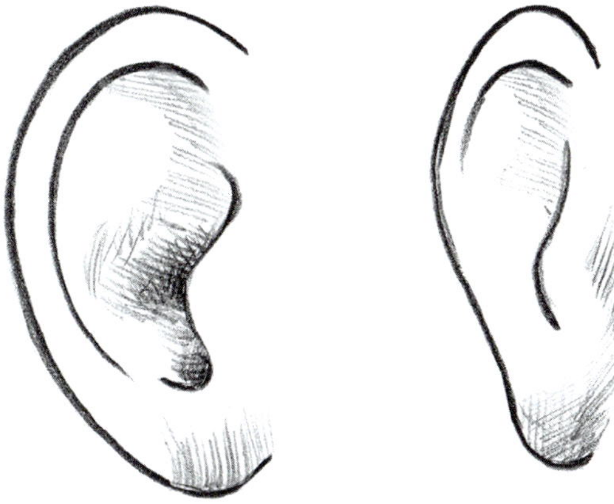

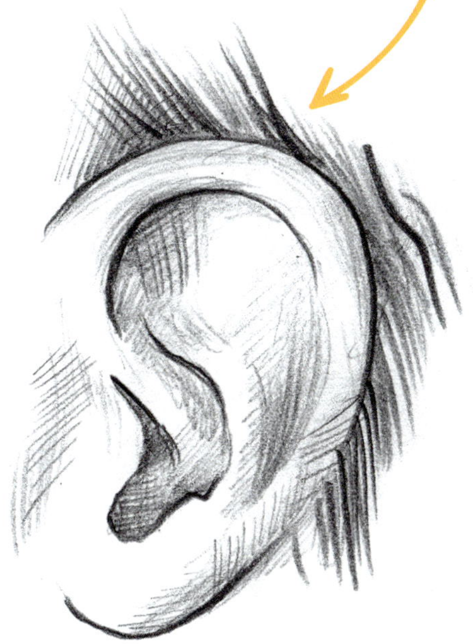

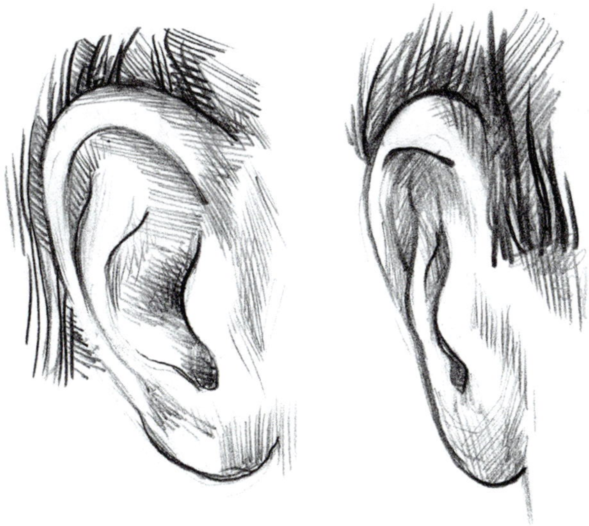

Schraffuren-Geflecht

Schau dir dieses Ohr von der Seite ganz genau an. Du wirst dabei entdecken, wie sich Konturen und Schraffuren abwechseln und so im Gesamtbild ein Ohr ergeben. Natürlich sind die tiefer liegenden Bereiche am Ohr dunkler schraffiert als die erhabenen.

HÄNDE UND FÜSSE

★★★

Hände und Füße sind vielleicht das Thema, welches am meisten Übung benötigt, denn speziell Hände sind ein eigener in sich geschlossener Bewegungsapparat.

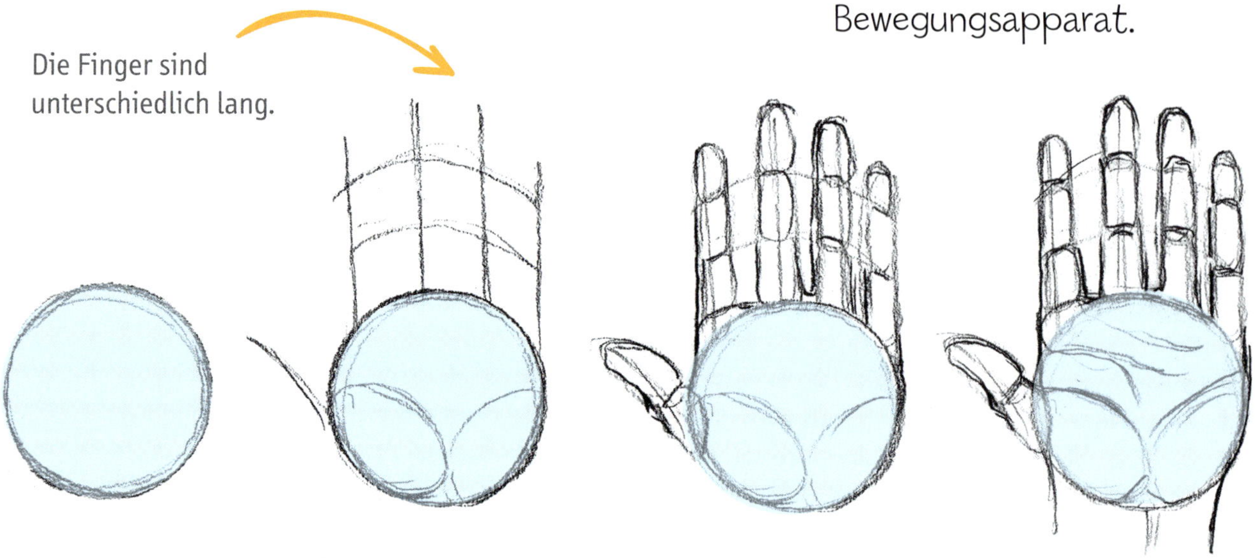

1 Ein Kreis
Wie so oft bildet auch hier ein Kreis den Anfang beim Zeichnen einer flachen Hand.

2 Finger
An diesen Kreis zeichnest du nun die Finger als dünne Striche. Der Daumen setzt weiter unten an.

3 Glieder
Um diese Striche zeichnest du jetzt die Finger und teilst diese gleich in Fingerglieder ein.

4 Handwurzel
Unterhalb der Handfläche fängt der Unterarm mit der Handwurzel an.

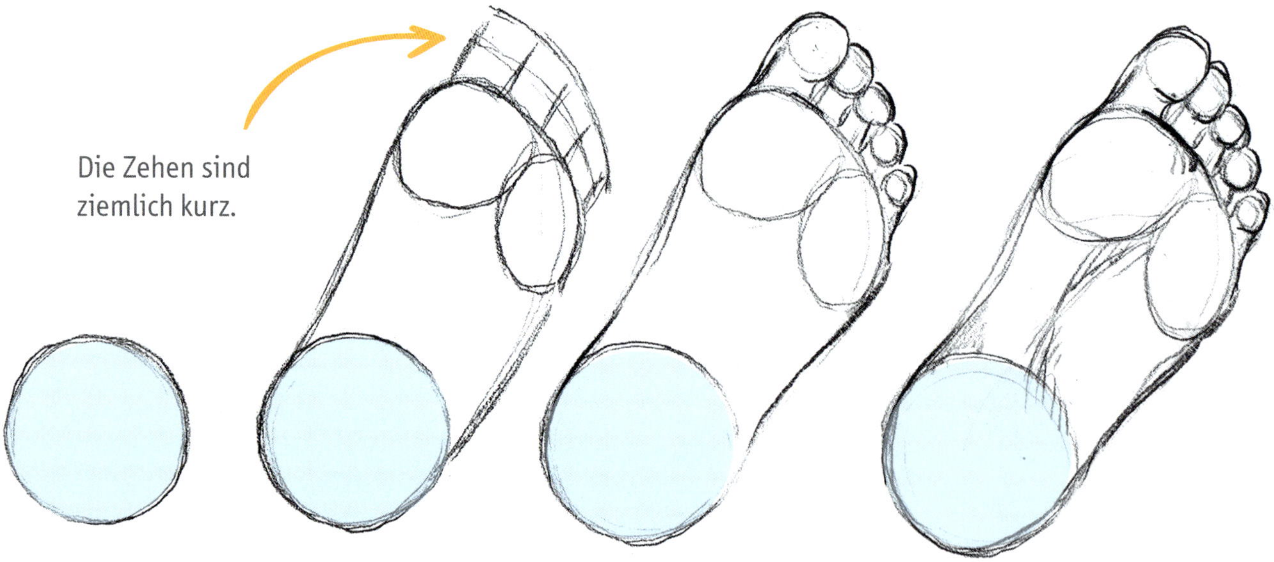

1 Noch ein Kreis
Auch beim Fuß kannst du mit einem Kreis für die Verse anfangen.

2 Zehen
An den Kreis schließen sich die Fußsohle und die Zehen an.

3 Kleine Glieder
Zehen haben kleine Glieder, deshalb vereinfacht man die Zeichnung.

4 Schraffuren
Am Ende setzt du noch ein paar Schraffuren, dann ist der Fuß fertig.

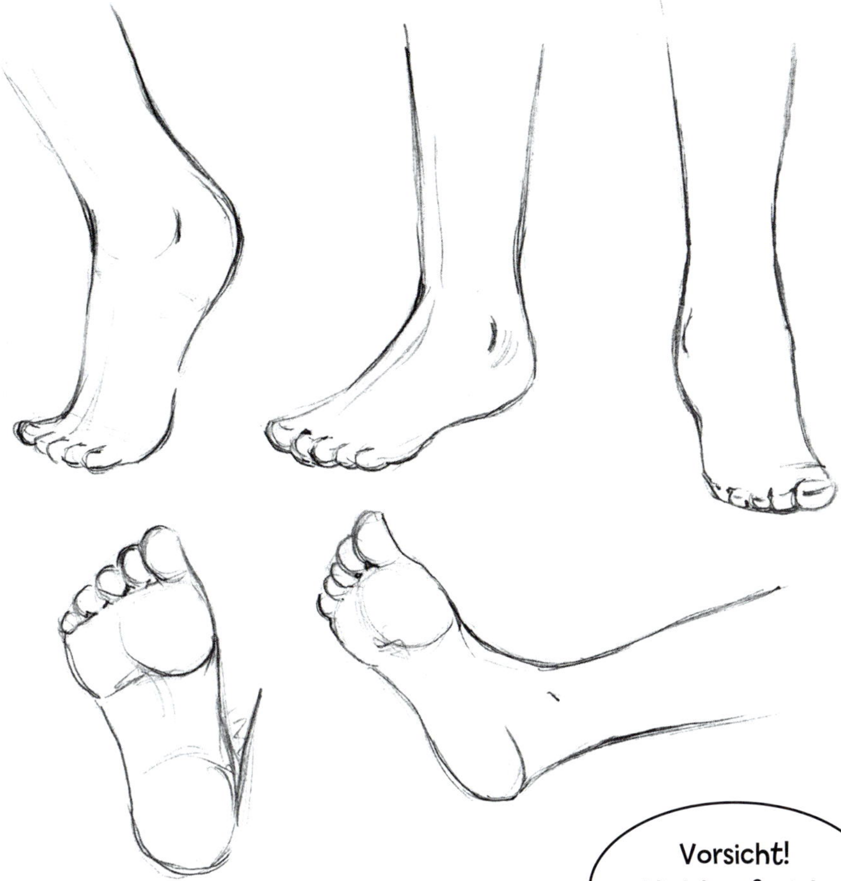

TIPP

Such dir Fotos
Da es nicht einfach ist, Hände und Füße richtig zu zeichnen, empfiehlt es sich zu der jeweils gewünschten Pose ein Foto als Vorlage zu suchen und danach dann zu zeichnen.

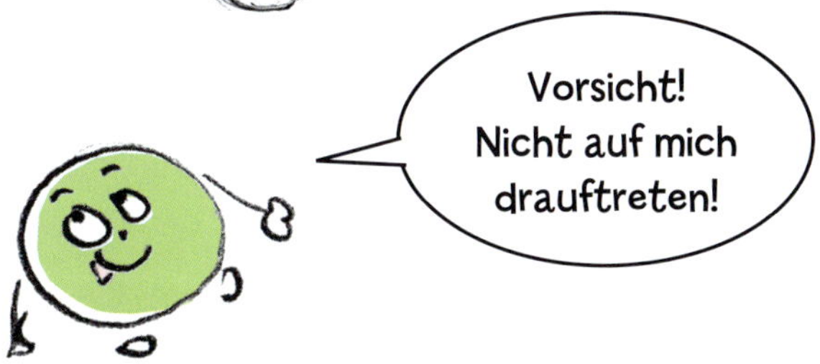

Aus allen Perspektiven
Der Aufbau einer Hand und eines Fußes, wie auf Seite 118 dargestellt, ist natürlich nur die Theorie. Hände und Füße gibt es in allen Möglichen Haltungen und aus allen erdenklichen Perspektiven. Übe sie also wie auf dieser Seite dargestellt, dann hast du eine gute Grundlage für deine figürlichen Zeichnungen.

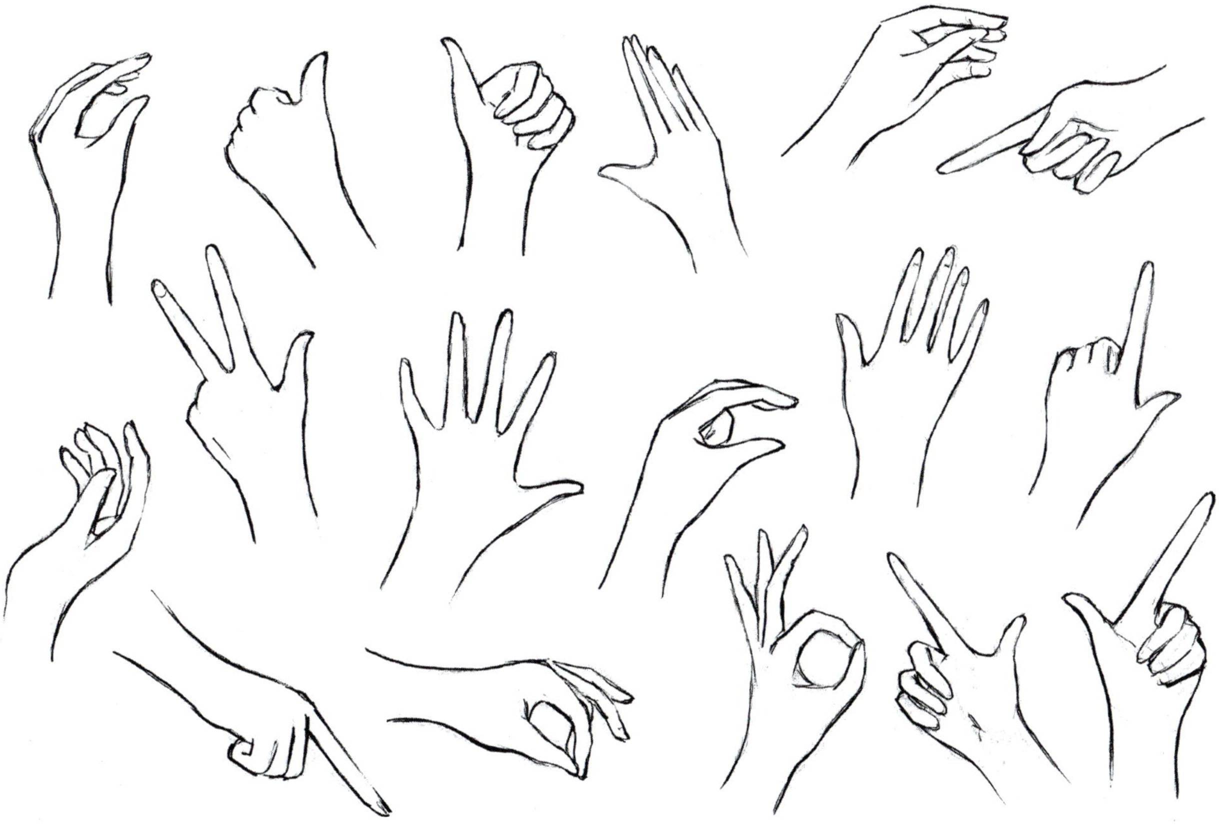

DER KOPF

★★☆

Die kleinen wichtigen Details am menschlichen Kopf haben wir bereits geübt, also kannst du jetzt anfangen, ganze Köpfe und Gesichter zu zeichnen. Dabei gibt es wieder ein paar wichtige Infos, die dir helfen sehr bald ausdrucksstarke Bilder anzufertigen.

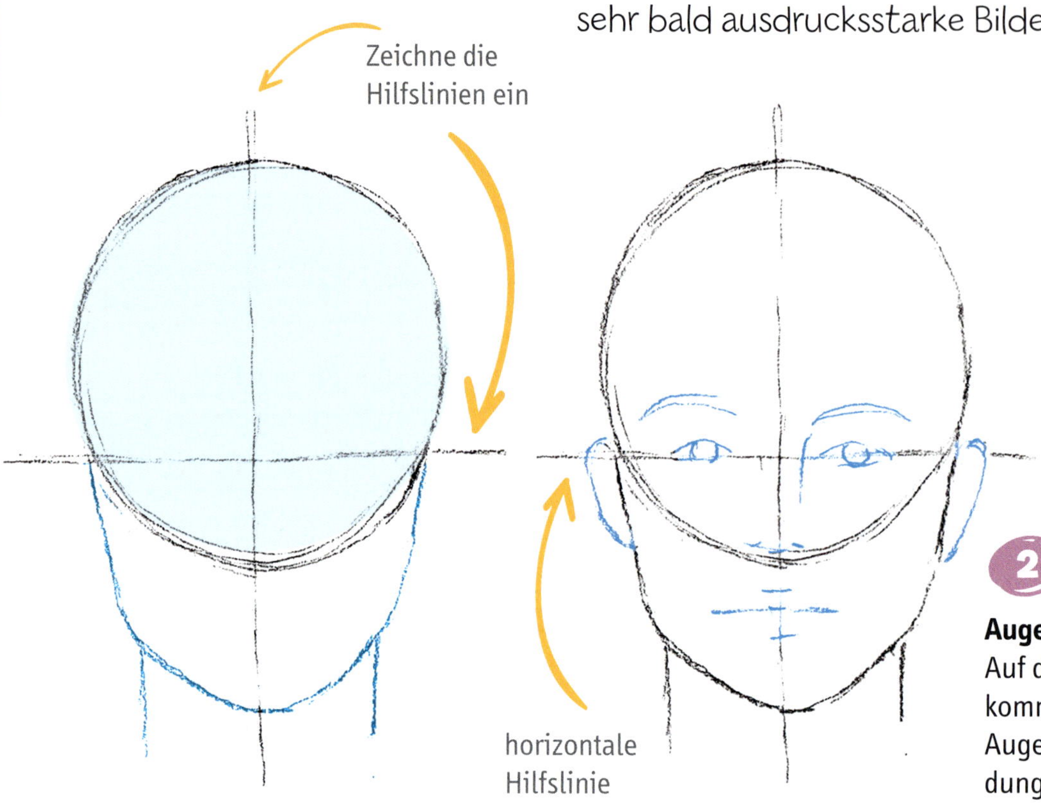

1

Zweigeteilt
Du fängst mit einem Kreis an wie ganz links dargestellt. Darunter zeichnest du das leicht kantigere Kinn. Wichtig sind die Hilfslinien, die genau durch die Mitte der Gesamtform gehen.

2

Augen, Nase, Mund, Ohren
Auf die horizontale Hilfslinie kommen die Augen, darüber die Augenbrauen. Auf die untere Rundung des Kreises platzierst du die Nase, in der Kinnfläche steht der Mund, seitlich die Ohren.

3

Gesicht und Haare
Hast du die Aufteilung von Schritt zwei gemacht, kannst du die individuellen Details in das Gesicht einzeichnen, denn jeder Mensch hat ein anderes Gesicht und eine andere Frisur.

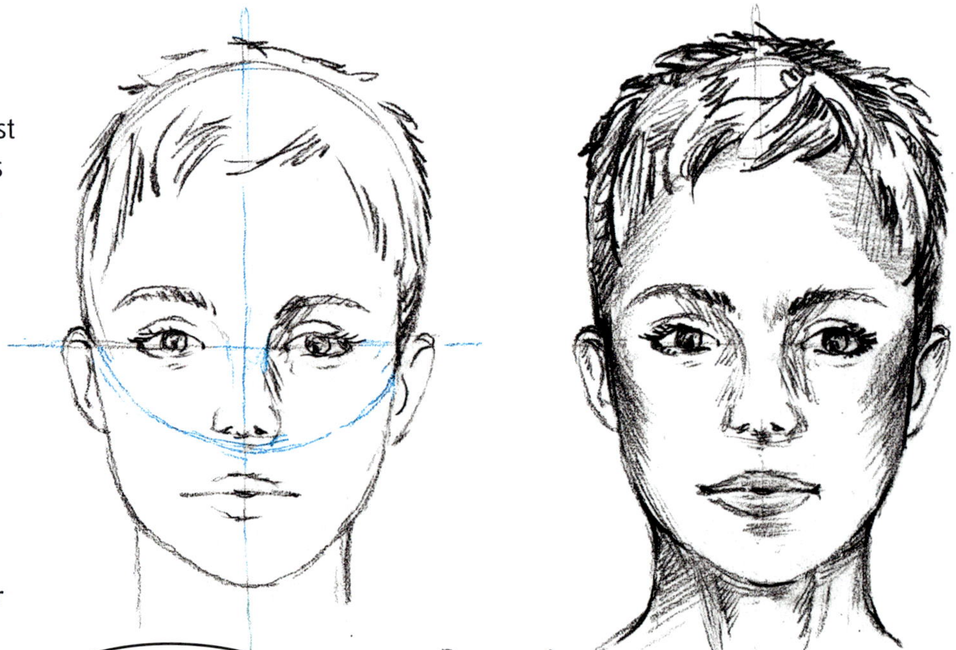

4

Schraffuren
Wie immer bilden die Hell-Dunkel-Abstufungen den letzten Schritt bei einer Zeichnung. Bringe dabei das Gelernte von den vorigen Seiten mit ein.

Variiere die Details und Accessoires

Einfach, aber individuell

Auf dieser Seite siehst du einfache, aber ganz unterschiedliche Gesichter, die alle aus demselben Grundaufbau entstanden sind.

TIPP

Beobachtungen

Beobachte deine Mitmenschen, um dein Auge zu schulen. Versuche das Typische in einem Gesicht zu erkennen und mit wenigen Strichen festzuhalten wie z. B. einen Bart, eine bestimmte Frisur oder modische Accessoires.

Hier sechs der Gesichter mit Schraffuren.

MINI-FIGUREN

★★☆

Jetzt kommen wir zum eigentlichen Thema dieses Kapitels, nämlich zum Zeichnen kompletter Menschen. Zu diesem Thema gibt es umfangreiche Lehrbücher, ich versuche aber, dir einen relativ einfachen aber wirksamen Weg zu zeigen.

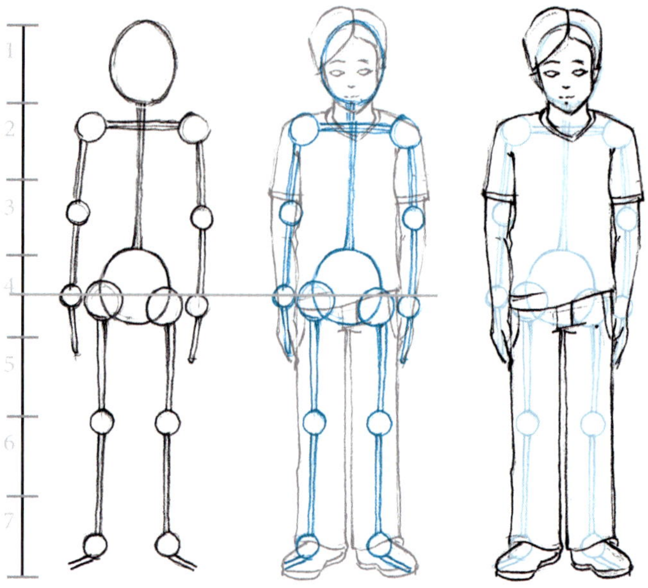

Gelenke als Mini-Kügelchen.

Das musst du lernen
Die Abbildung oben zeigt dir, wie ein erwachsene Mensch proportioniert ist:

1. Der Kopf entspricht ungefähr einem Siebtel der Gesamtkörperlänge. (Bei Kindern ca. ein Fünftel)
2. Die Beine entsprechen ungefähr der halben Körperlänge.
3. Unterarme/Oberarme sind ungefähr gleichlang.
4. Unterschenkel/Oberschenkel sind ungefähr gleich lang.
5. Die Fingerspitzen reichen bis zur Mitte der Oberschenkel.

Strichmännchen
Wie du hier siehst, kannst du mit Strichmännchen alle Posen darstellen. Achte dabei aber bereits auf die richtigen Proportionen. Über diese Strichmännchen kannst du dann die Konturen deiner Figur zeichnen.

Zeichne direkt über deine Strichmännchen, z. B. auf ein separates Blatt.

TIPP

Zwei Möglichkeiten
Entweder du zeichnest deine Strichmännchen ganz hell und dann auf dasselbe Blatt darüber. Oder du zeichnest sie so dunkel, dass sie durchscheinen, wenn du ein neues Blatt darüberlegst.

Kleidung
Wie du auf Seite 122 oben siehst, kannst du deine Strichmännchen ganz einfach anziehen, ihnen Frisuren verpassen und Details einarbeiten.

FUSSBALLERIN

★★☆

Wie die Strichmännchen zum Einsatz kommen, siehst du gleich beim ersten Motiv. Die Fußballerin setzt zu einem Dribbling an, der ganze Körper ist in Bewegung. Hier die genauen Infos, die du beim Zeichnen benötigst.

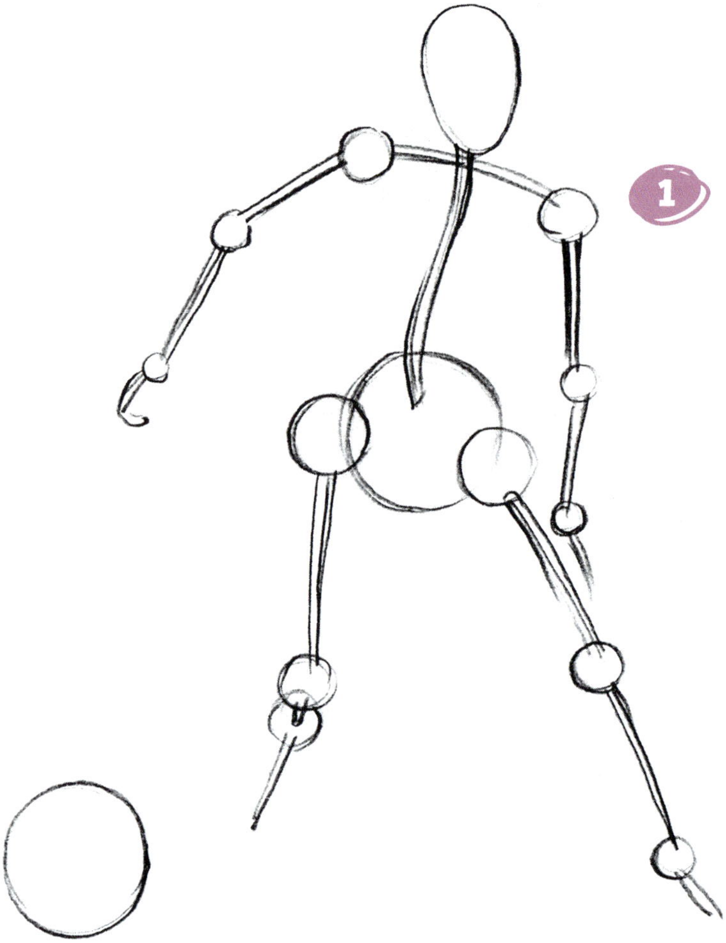

1 Strichlängen beachten
Das Strichmännchen zeigt dir die Fußballerin in ganz vereinfachter Form. Zeichnest du das Strichmännchen nach, dann achte ganz genau auf die Größen und Längen der einzelnen Striche und stelle Gelenke als Kügelchen dar. Am besten paust du das Strichmännchen erst einmal zur Übung ab.

Auch die Haare sind in Bewegung.

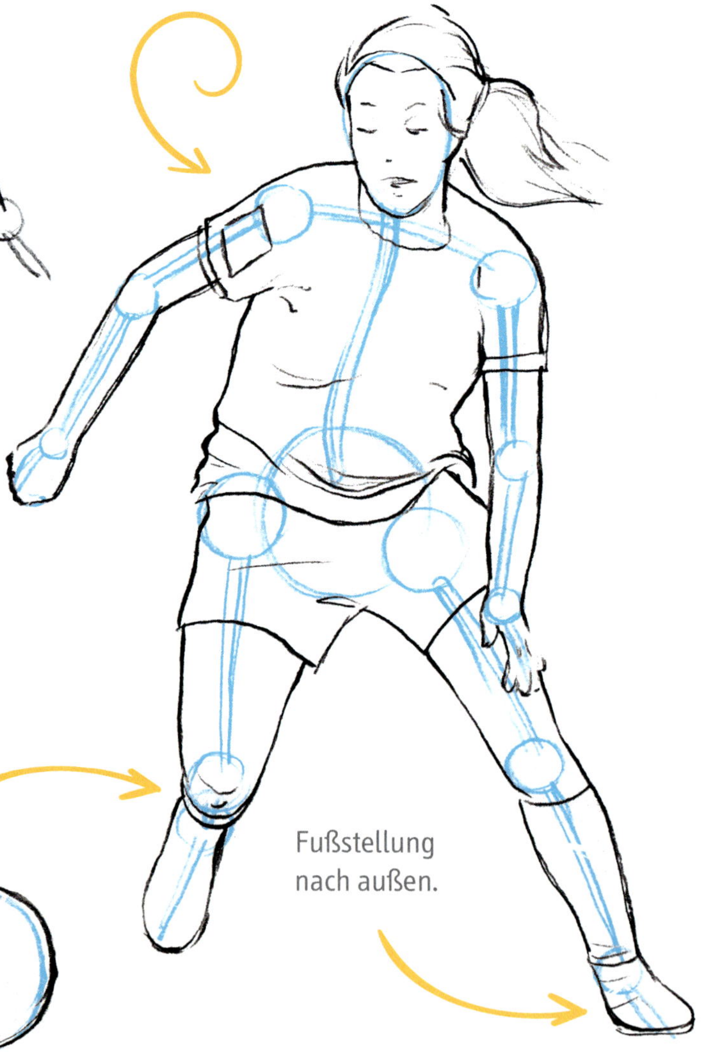

2 Zwei Möglichkeiten
Wähle eine der auf Seite 122 beschriebenen Möglichkeiten aus dem Tipp-Kasten und zeichne dann die Kontur der Figur dieser Vorlage entsprechend über das Strichmännchen. Beachte dabei bereits, wie die Falten in der Kleidung verlaufen.

Dieser Unterschenkel verschwindet optisch aufgrund des abgewinkelten Beins komplett.

Fußstellung nach außen.

Logos und Streifen an der Kleidung

DETAILANSICHT
„Menschen zeichnen" heißt vor allem auch „Kleidung zeichnen", was bedeutet, auch die Falten in der Kleidung hinzubekommen. Das Beispiel zeigt dies am Trikot der Fußballerin.

Das ist schon super!

3 Faltenwurf
Verfeinere die Konturen und Details. Beachte besonders auch den Faltenwurf im Bereich der abgewinkelten Hüfte und an der Hose.

Für kleine Profis

4 Schnelle Bewegung
Kleine Falten im Bereich der Schultern und besonders auch das wehende Haar unterstützen den dynamischen Ausdruck der Zeichnung.

Ein wenig Gras unter Ball und Füße

SKATEBOARDER

Bist du auch schon auf einem Skateboard gestanden? Gar nicht so einfach, aber mit etwas Übung hat man schnell ein paar Tricks drauf. Genauso wie beim Zeichnen eines Skateboarders. Schau genau hin, dann wird deine Zeichnung bestimmt so gut wie diese.

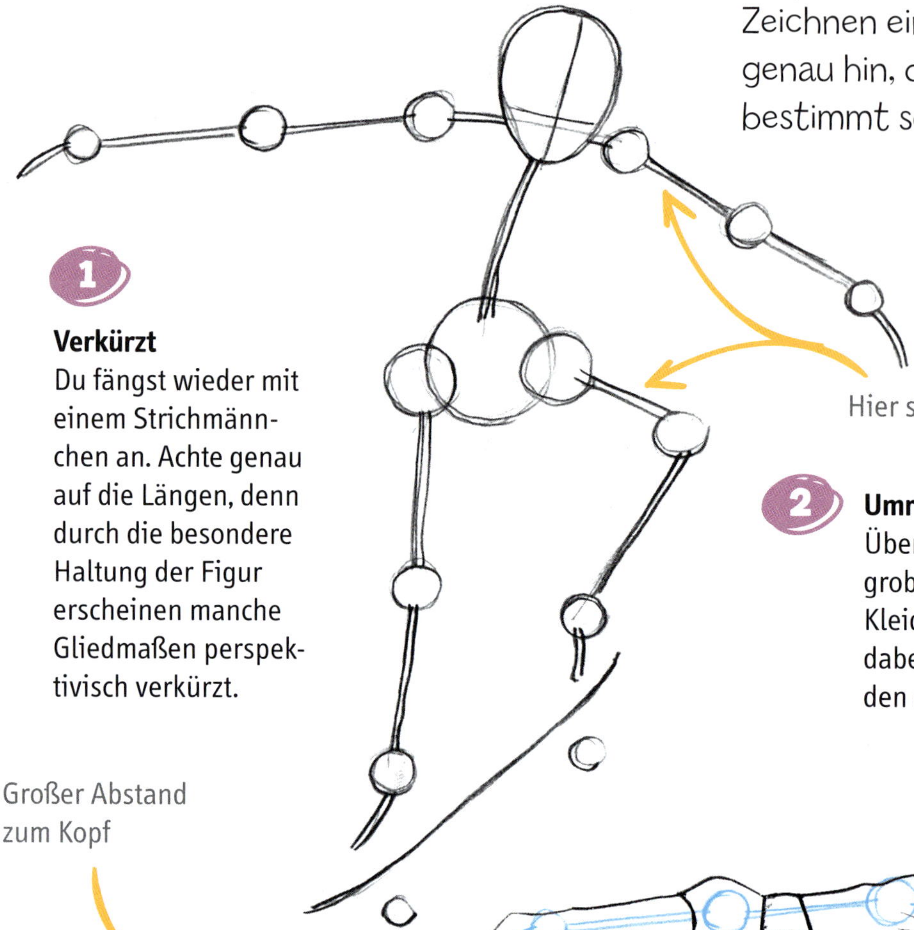

1

Verkürzt
Du fängst wieder mit einem Strichmännchen an. Achte genau auf die Längen, denn durch die besondere Haltung der Figur erscheinen manche Gliedmaßen perspektivisch verkürzt.

Hier siehst du die Verkürzungen.

Großer Abstand zum Kopf

2

Umrisse und Kleidung
Über diese Figur zeichnest du nun die groben Umrisse des Jungen und seiner Kleidung, sowie das Skateboard. Achte dabei auf die richtige Fußstellung und den etwas geneigten Kopf.

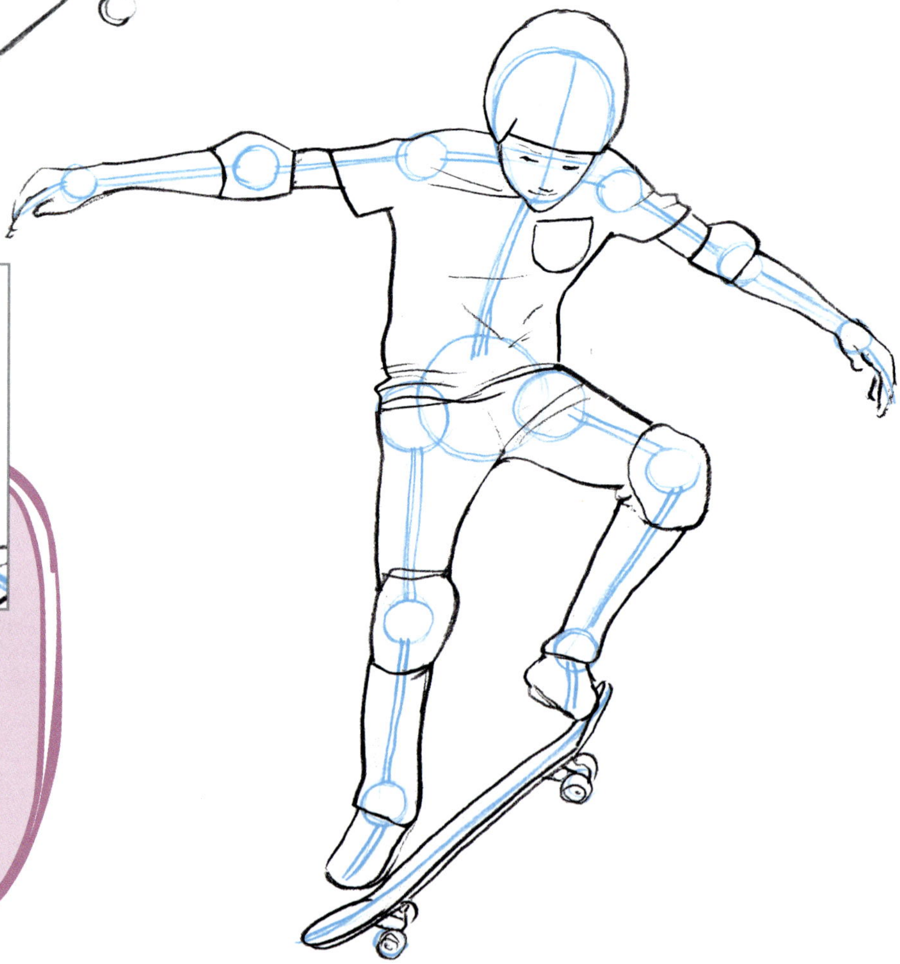

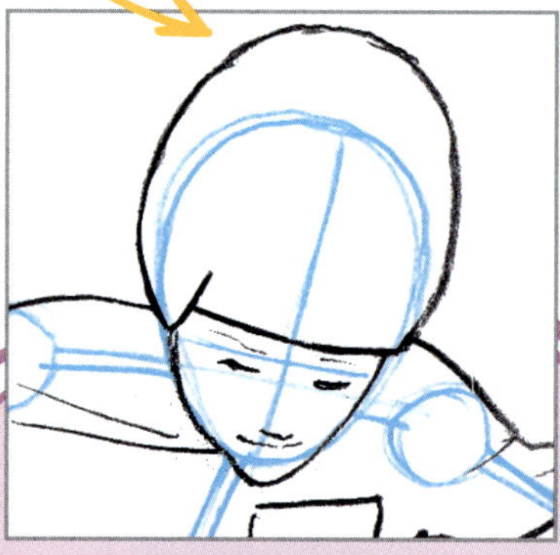

DETAILANSICHT
Der Helm hat im Gegensatz zur sonstigen Kleidung die Besonderheit, dass er sich aufgrund seines Volumens weit von der Grundform des Strichmännchens abhebt.

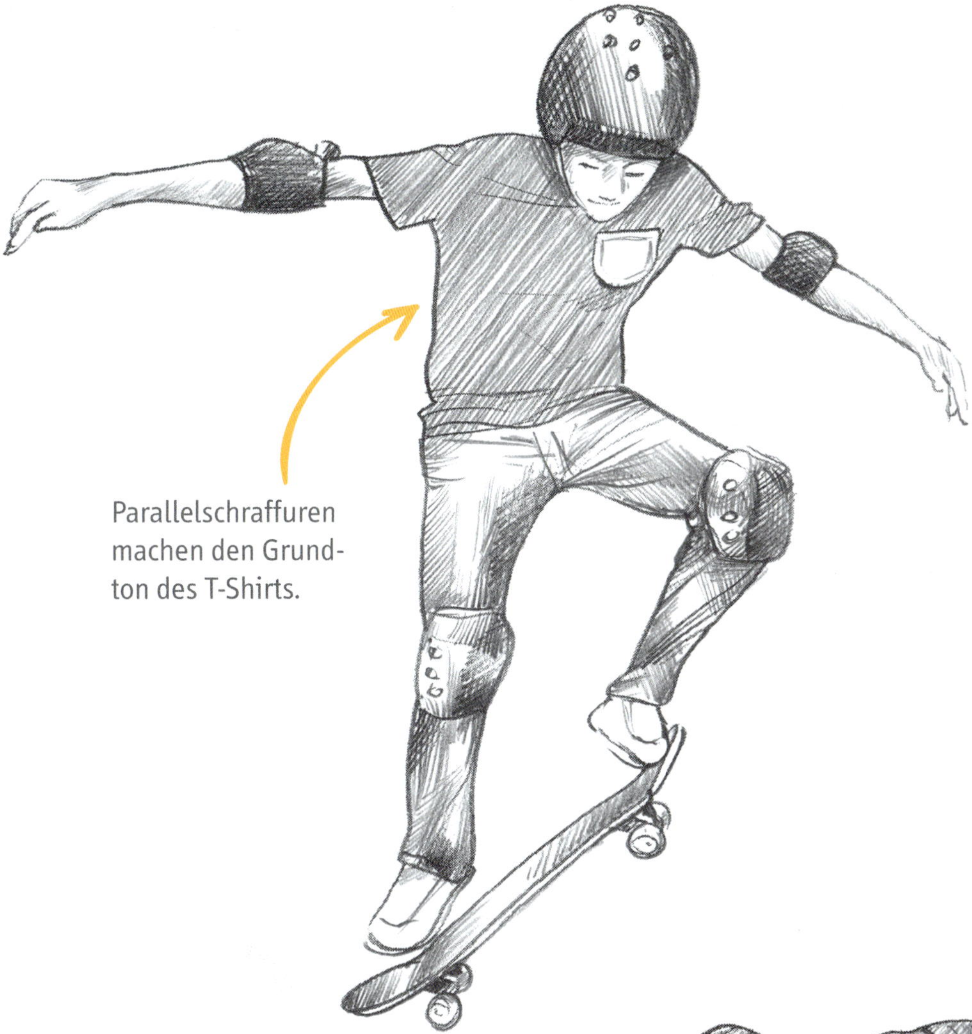

Das ist schon super!

3

Flächen und Falten
Mit dunklen und hellen Schraffuren kannst du nun die Flächen und den Faltenwurf in der Kleidung zeichnen. Dadurch wirkt die Figur schon richtig dreidimensional.

Parallelschraffuren machen den Grundton des T-Shirts.

Ganz feine Schraffuren im Gesicht.

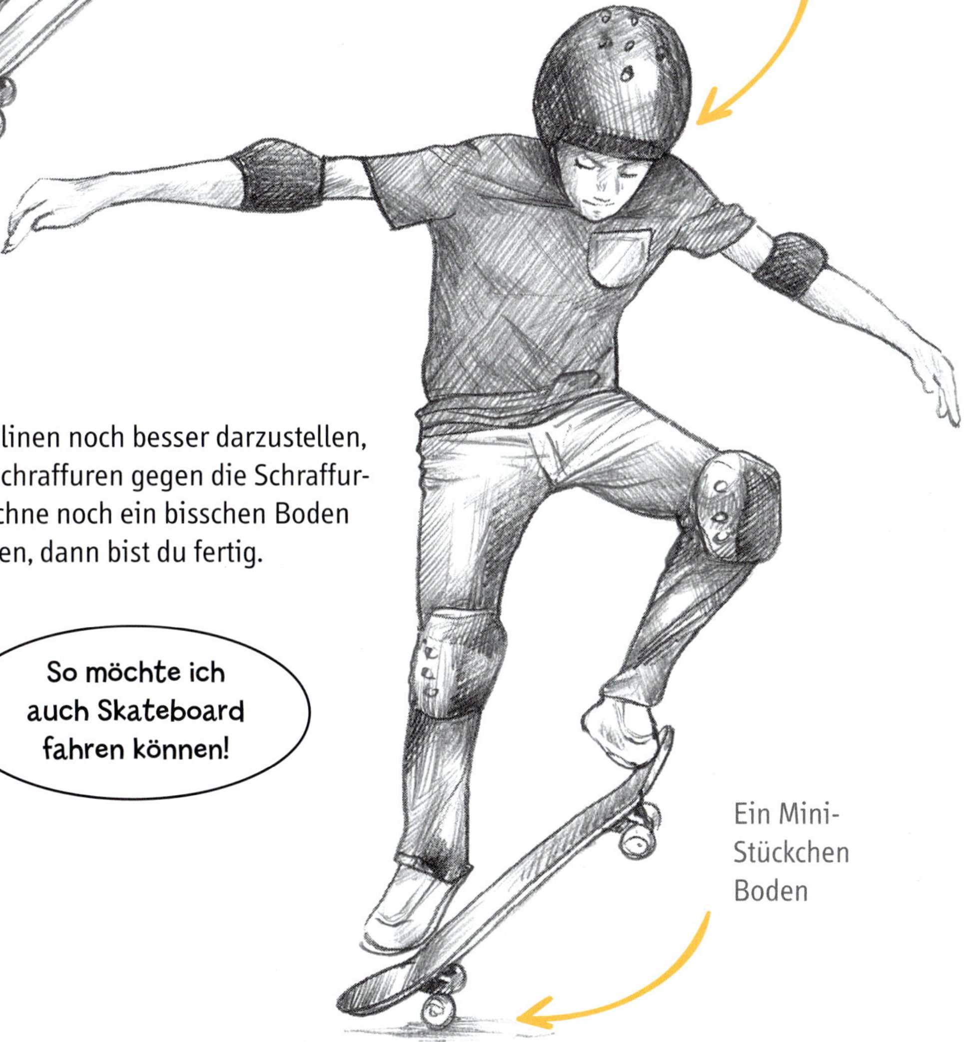

4

Für kleine Profis

Finish
Um die Falten in den Textilinen noch besser darzustellen, mache noch einige Kreuzschraffuren gegen die Schraffurrichtung aus Schritt 3. Zeichne noch ein bisschen Boden unter das eine Rad zeichnen, dann bist du fertig.

Ein Mini-Stückchen Boden

ROCK N' ROLL

★★★

Zeichnest du nur Ausschnitte eines Körpers, ist die Methode mit Grundformen wie bei den Tieren eventuell besser als Strichmännchen. Beim Rock-Star kommt mit der Gitarre etwas hinzu, was von der Anforderung her noch einmal höher liegt.

1

Ohne Gitarre
Da die Gitarre nicht so einfach zu zeichnen ist, beginnst du zuerst mit diesen einfachen Grundformen.

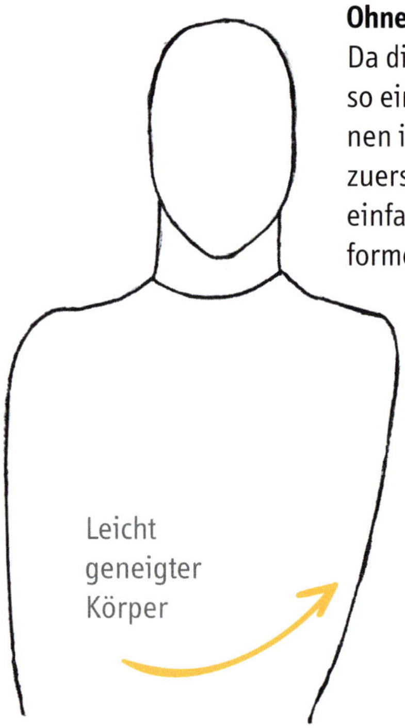

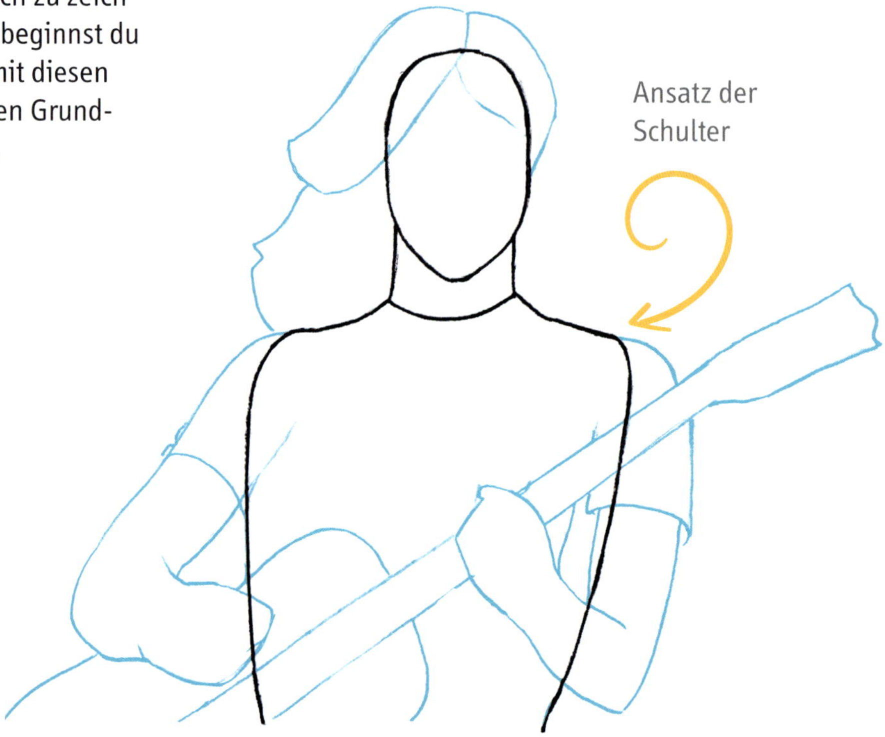

2

Arme, Haare und Gitarre
Ausgehend von den Grundformen ist es jetzt einfach weiterzumachen. Füge die beiden Arme, die wehenden Haare und die Gitarre mit hinzu. Achte besonders auch auf die Grundform der Hände.

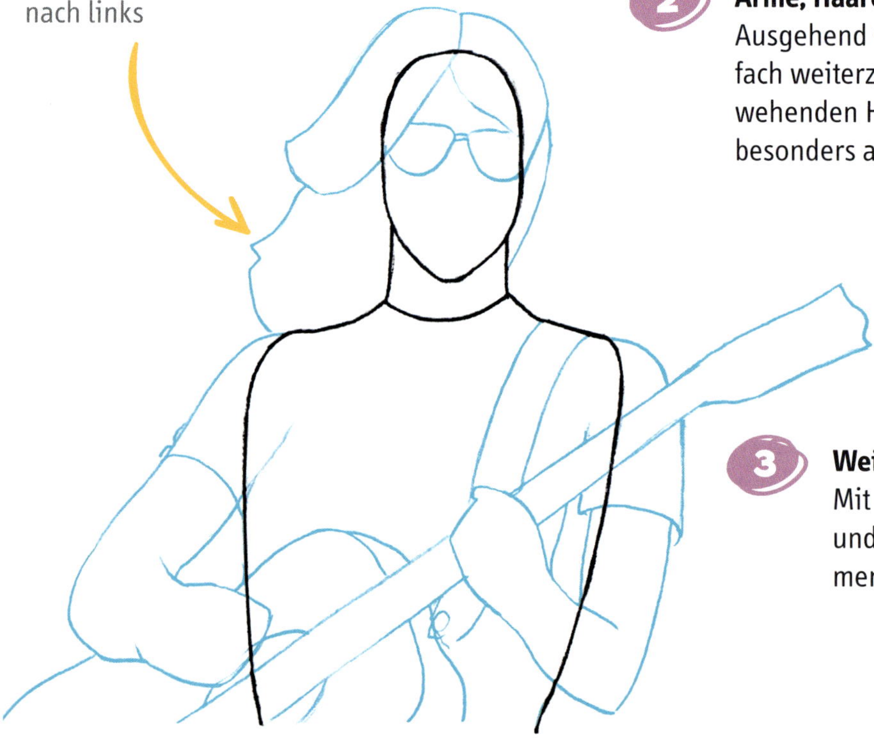

3

Weitere Details
Mit dem Gitarren-Riemen, der Brille und der Seitenfläche der Gitarre kommen weitere wichtige Details hinzu.

4 Feinheiten

Jetzt verfeinerst du die Kontur und zeichnest die Feinheiten wie einzelne Haarsträhnen, den Bart, einzelne Finger und auch die Wirbel an der Gitarre. Die eine oder andere Hilfslinie kannst du vorher noch ausradieren.

Das ist schon super!

5 Schwarze Schraffuren

Zeichnest du nun die ersten schwarzen Schraffuren der Vorlage entsprechend, besonders in den Haaren und an der Brille, sieht die Figur schon richtig cool aus.

Für kleine Profis

6 Finish

Am Ende wartet mit den Gitarren-Saiten am Griffbrett und der Ausarbeitung von Kleidung und Kopf noch einiges an Fleißarbeit auf dich. Wirst du dabei ungeduldig, dann lass das Blatt besser liegen und mach am nächsten Tag weiter.

Wichtig ist der Ausdruck der Haare.

DESIGN

Wer noch Muse hat, kann sich noch ein spezielles Design für das Shirt ausdenken.

SURFER

★★☆

Davon träumt fast jeder: Strand, Sonne, Meer und Surfer-Feeling. Und selbst wenn wir so eine Kulisse nicht vor der Haustür haben, können wir sie zumindest zeichnerisch in unser Leben holen. Also, Sonne im Herzen und Stift in die Hand!

1

Strich-Surfbrett
Strichmännchen für ganze Figuren kennst du ja bereits. Hier wurde auch das Surfbrett als Strich gleich mitgezeichnet, um die Position des Bretts unter den Füßen zu definieren.

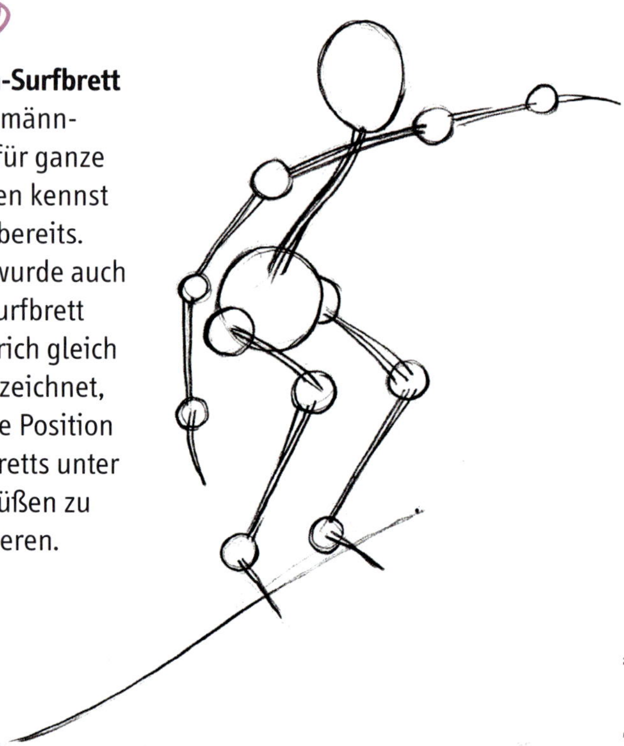

2

Schaum und Muskeln
Im zweiten Schritt kannst du die ersten groben Umrisse der schäumenden Welle zeichnen, ebenso den athletischen Körper und die Badeshorts des Surfers. Das Surfbrett bekommt auch seine Form.

3

Dynamische Schraffuren
Um die Dynamik der Bewegung noch besser zum Ausdruck zu bringen, sind die Schraffuren ebenfalls in „Surf-Richtung“ d.h. von rechts oben nach links unten angelegt.

4

Das ist schon super!

Richtung der Schraffuren
Auch bei der Ausarbeitung der Schraffuren im Hintergrund ist die Richtung überwiegend von rechts oben nach links unten.

5

Für kleine Profis

Weniger kann mehr sein
Wichtig ist es, mit einer Zeichnung aufzuhören, wenn sie am besten aussieht. Entscheide selbst, welche Version dir besser gefällt, die bis zum letzten Detail ausgearbeitete von Schritt 5 oder die etwas lockerere von Schritt 4.

Verkleinerte Ansicht

KLEINE KÜNSTLER
Diesen Surfer hat Pia auf Basis von Schritt 2 gezeichnet. Auch sie hat die Dynamik der Bewegung und die Details bereits sehr gut umgesetzt.

MÄDCHENPORTRAIT

★★☆

Pia kennst du aus diesem Buch als kleine Zeichenassistentin. Mit ihrem Portrait leiten wir einen kleinen Block mit Gesichtern von Kindern ein. Das mag schwierig aussehen, ist es aber nicht unbedingt.

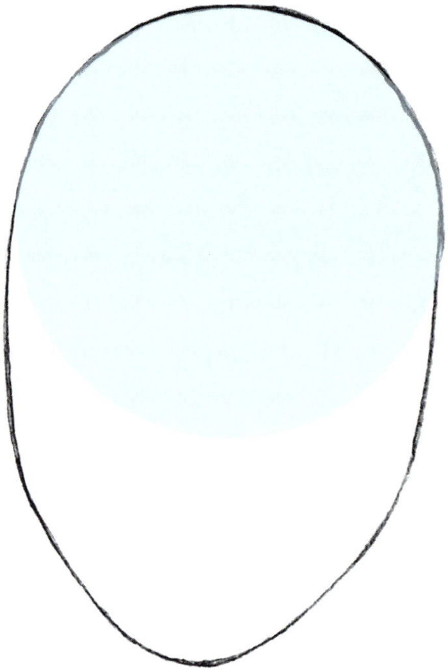

1

Herantasten
Wie man ein Gesicht zeichnet, kennst du von Seite 120. Die Grundform ist einfach, wie links zu sehen. Wer dennoch unsicher ist, kann auch mit einem Kreis anfangen (hier blau) und dann die Kinnpartie dazu zeichnen.

2

Hilfslinien
Zeichne jetzt ganz zart die waagrechte und senkrechte Hilfslinie in die Grundform und darauf angepasst dann die Positionen von Augen, Nase, Mund und dem einen sichtbaren Ohr.

Hilfslinien

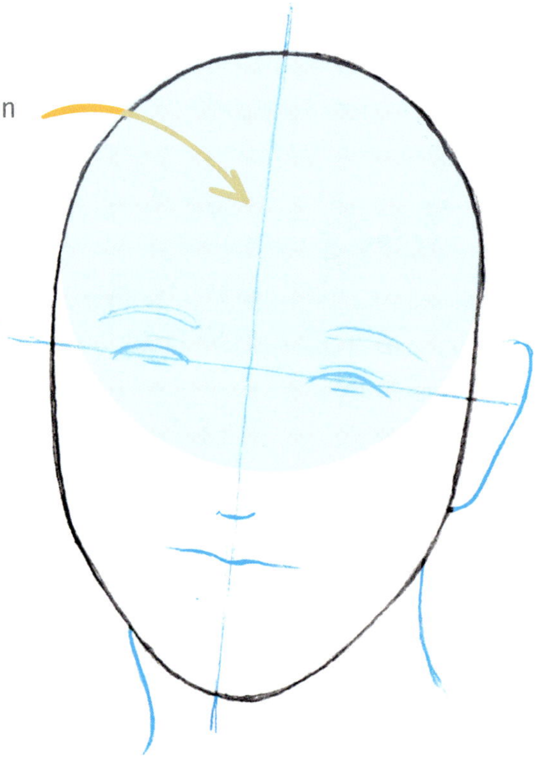

3

Locken
Entferne die Hilfslinien und verfeinere die Konturen im Gesicht, plane dabei bereits den Glanzpunkt im Auge ein. Mit ersten welligen Linien zeichnest du die Frisur.

Das ist schon super!

4 Dunkle Haare, helle Haut

Während du die Haare mit kräftigen dunklen Schraffuren weiter ausarbeiten kannst, erfordert das Gesicht ein vorsichtiges Vorgehen mit hellen Schraffuren. Die Haut von Kindern ist noch sehr glatt, weshalb kräftige dunkle Striche störend wirken können.

5

Für kleine Profis

Letzte Löckchen

Die feine Schraffurarbeit führst du weiter. Am Ende reichen noch wenige einzelne Haarsträhnchen, um auch die Frisur fertig zu gestalten.

KLEINE KÜNSTLER

Pia hat sich selbst gezeichnet, zwei Mal sogar. Hier siehst du die verkleinerte Ansicht eines größeren Bildes und ein Mini-Portrait. Welches findest du besser gelungen?

DER BESTE FREUND

★★☆

Menschen mit Tieren, besonders mit Hunden, eignen sich super als Motiv. Die Zeichnung zeigt das Portrait eines Jungen mit seinem besten Freund, dem Hund. Und am Ende seht ihr noch eine lustige Überraschung.

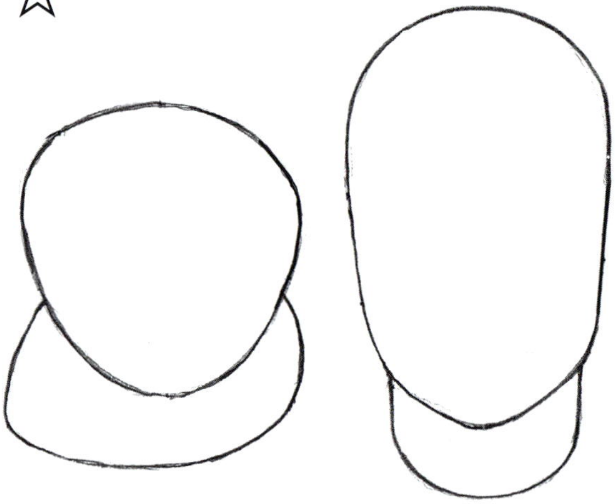

1

Unterschiede
Fange mit diesen etwas unterschiedlichen Grundformen an.

2

Einfache Fortsetzung
Zeichne dann, wie hier blau dargestellt, weitere Körperteile wie Haare, Ohren und Oberkörper. Zeichne auch die Hilfslinien ins Gesicht.

3

Gesichter
Zeichne über die dünnen Hilfslinien die ersten Details der Gesichter. Verfeinere auch die Kontur an den Haaren und am Fell den einzelnen Strähnen und Stoppeln entsprechend.

4

Feine Gesichter
Um die Gesichter so hinzubekommen, wie du es gerne hättest, musst du sorgfältig und mit feinen Schraffuren arbeiten, während du das Fell und die Kleidung zunächst gröber anlegen kannst.

5

Finish
Arbeite die Schraffuren bis zum Ende aus. In den Augen und an der Nase des Hundes bleiben kleine weiße Glanzpunkte.

Leichter Faltenwurf

COOLE VARIANTE
Nur jeweils ein Accessoir in Form von Sonnenbrillen genügt und der Ausdruck des Bildes ändert sich komplett. Aus dem netten Jungen mit seinem Hundefreund werden zwei coole Typen.

MÄDCHEN MIT HUND

★★☆

Als letztes Motiv kannst du nochmal die Vorgehensweise mit den Strichfiguren ausprobieren. Um noch eine Variante mit ins Spiel zu bringen, ist hier auch der Hund als Strichfigur dargestellt. Natürlich könnte man auch alle Tiere mit Hilfe von Strichfiguren zeichnen, allerdings wäre es ein imenser Lernaufwand, den Bewegungsapparat von sämtlichen Tieren zu kennen, weshalb ich bei Tieren die Methode mit den einfachen Formen vorziehe.

1

Strich-Hund
Zeichne das Mädchen als Strichfigur und achte dabei auf die richtigen Proportionen. Dann teste, ob dir auch der Hund in derselben Darstellungsart gelingt.

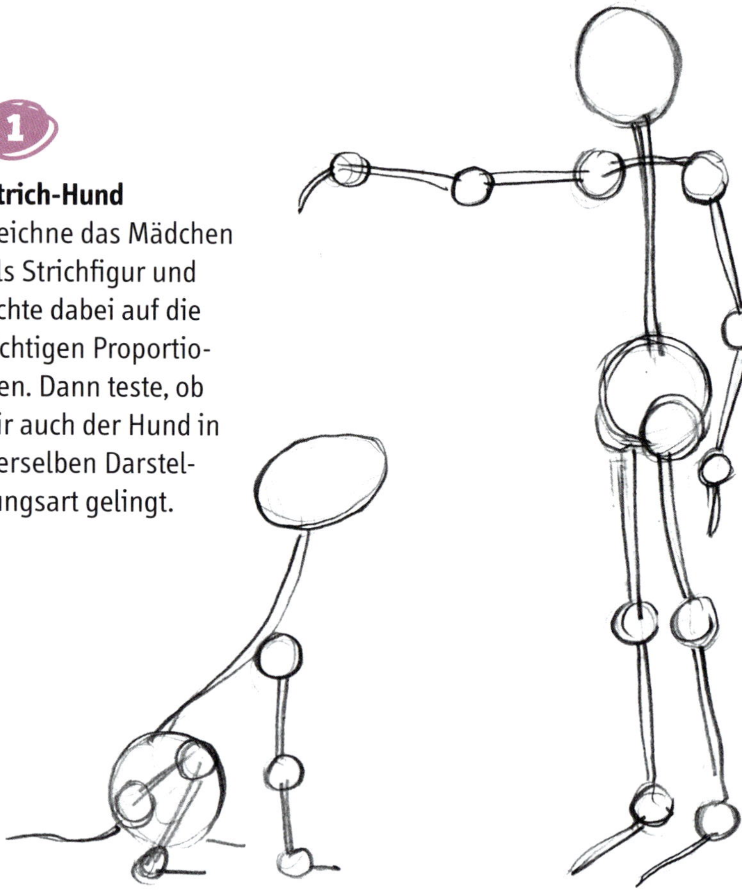

Hockende Hinterbeine

2

Zusammenspiel
Zeichne die Konturen über die Strichfiguren und achte darauf, dass das Zusammenspiel zwischen den beiden funktioniert.

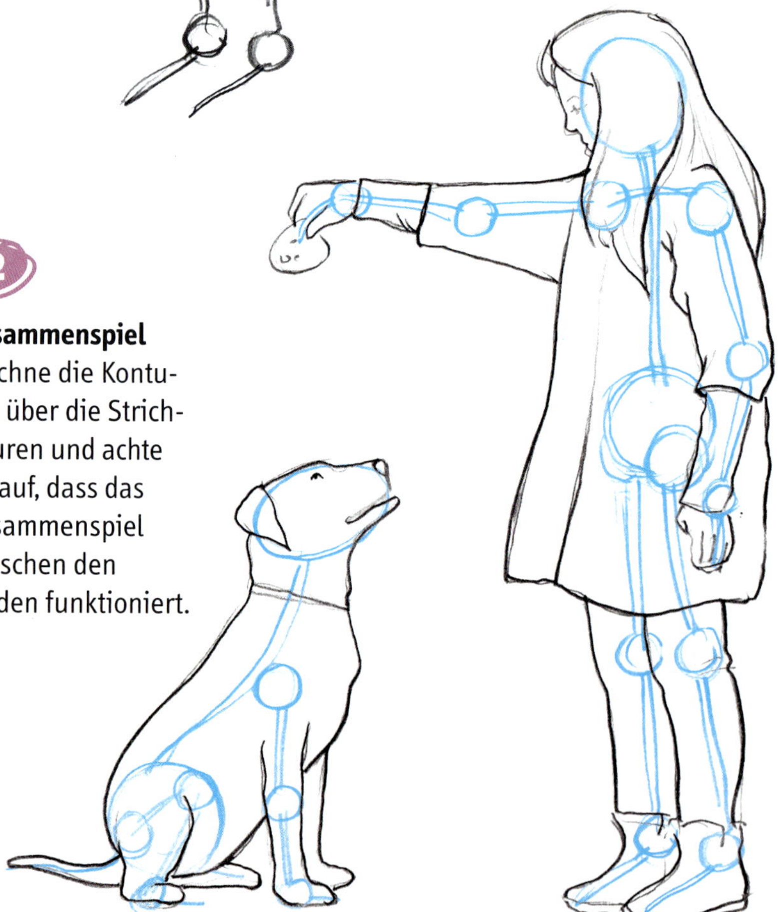

3

Streifen und Fell
Mit Hilfe erster Schraffuren kannst du anfangen das Fell, das Gesicht und den gestreiften Mantel des Mädchens zu gestalten.

4

Hose und Haare
Zeichne nun auch die einzelnen Haarsträhnen und die Ärmel des Mantels. Am Ende arbeite noch die Hose und die Schuhe aus, wobei du bei der Hose die Falten und Löcher beachten solltest.

DETAILANSICHT
Das vergrößerte Bild zeigt die Schraffurtechnik beim Gestalten des Mantels. Die einzelnen Streifen werden eingezeichnet und innerhalb der Streifen dann mit feinen Parallelschraffuren gefüllt.

BUCHEMPFEHLUNGEN FÜR DICH

Noch mehr kreative Bücher gesucht?

ISBN 978-3-7724-8459-9

ISBN 978-3-7724-7880-2

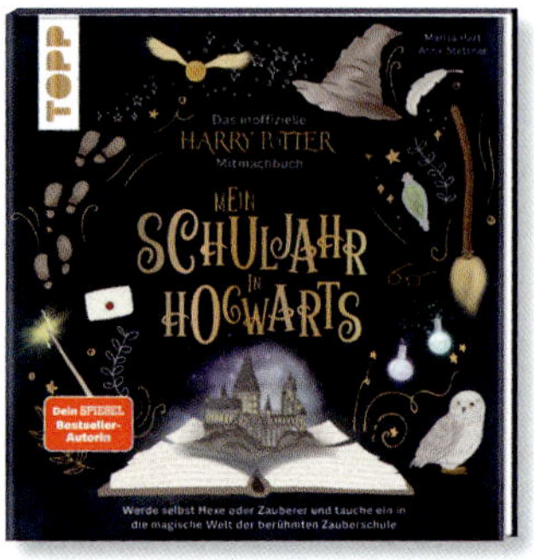

ISBN 978-3-7358-9160-0

ISBN 978-3-7358-9254-6

ISBN 978-3-7724-4449-4

ISBN 978-3-7358-9030-6

ISBN 978-3-7358-9130-3

ISBN 978-3-7724-4474-6

ISBN 978-3-7724-4399-2

ISBN 978-3-7358-9054-2

ISBN 978-3-7358-9055-9

ISBN 978-3-7724-4391-6

Noch mehr Kreativ-Bücher findest Du auf www.TOPP-kreativ.de

DÜRFEN WIR VORSTELLEN? WIR SIND TOPP!

Uns, unsere Autoren, Bücher, Sets und viele, viele Bastelideen gibt's nicht nur auf Events und in Buchhandlungen, sondern natürlich auch online:

www.TOPP-KREATIV.de

www.YouTube.com/Frechverlag

www.TOPP-KREATIV.de/Newsletter

www.Instagram.com/toppkreativ

www.Facebook.com/toppkreativ

www.Pinterest.com/toppkreativ

www.TOPP-kreativ.de/DigiBib

Gecko Keck, alias Gerhard Wörner, ist längst aus der kreativen Szene Deutschlands nicht mehr wegzudenken. 1989 gründete er eine Agentur für Karikatur und Illustration und lernte als Grafiker den Alltag in der Produktion kennen. Seit 1993 ist er wieder selbstständig und hat mehr als 5.000 Entwurfszeichnungen für die heiß begehrten Überraschungseier gefertigt. 1998 eröffnete er eine eigene Kunstgalerie in Stuttgart (Malerei, Grafik, Skulpturen). Seit 2004 arbeitet er im eigenen Kieselsteiner Verlag und gibt Kurse zum Thema Malen und Zeichnen u.a. auf der Insel Elba.

www.gecko-keck.de
www.facebook.com/GeckoKeckBooksArtsDesign

SERVICE-HOTLINE
Hast du Fragen oder gibt es ein Problem?
Wir helfen dir gern. Ruf uns an oder schreib uns eine E-Mail:
Telefon: **0711 / 123 757 20***
E-Mail: **hilfe@frechverlag.de**

*normale Telefongebühren

Weitere Informationen zum Verlag und zu unserem gesamten Programm findest du unter: www.topp-kreativ.de

IMPRESSUM

ZEICHNUNGEN UND FOTOS: Gerhard Wörner, Stuttgart
PRODUKTMANAGEMENT UND LEKTORAT: Lisa Schmidt
UMSCHLAGGESTALTUNG: Eva Hook
LAYOUT UND SATZ: Gerhard Wörner
DRUCK UND BINDUNG: DZS Grafik, Slowenien

MIX
Papier | Fördert gute Waldnutzung
FSC® C106600
Penguin Random House Verlagsgruppe
FSC® N001967

20. Auflage 2026

produktsicherheit@frechverlag.de

FREISCHALTECODE für die Übungsseiten: 18108

ISBN: 978-3-7724-8437-7 Best.-Nr. 8437